떴다! 지식 탐험대

사라진 미생물, 메두사를 찾아라!

떴다! 지식 탐험대-미생물

사라진 미생물, 메두사를 찾아라!

초판 제1쇄 발행일 2010년 10월 15일
개정판 제1쇄 발행일 2021년 3월 20일
글 이금희 그림 최혜인 감수 이재열
발행인 박헌용, 윤호권 발행처 (주)시공사 주소 서울시 성동구 상원1길 22
전화 문의 02-2046-2800 홈페이지 www.sigongsa.com / www.sigongjunior.com

ISBN 979-11-6579-430-9 74470
ISBN 979-11-6579-001-1 (세트)

홈페이지 회원으로 가입하시면 다양한 혜택이 주어집니다.
잘못 만들어진 책은 구입하신 곳에서 바꾸어 드립니다.

KC마크는 이 제품이 공통안전기준에 적합하였음을 의미합니다.
제조국 : 대한민국 사용 연령 : 8세 이상
주의 사항 : 책장에 손이 베이지 않게, 모서리에 다치지 않게 주의하세요.

떴다! 지식 탐험대

미생물

사라진 미생물, 메두사를 찾아라!

글 이금희 / 그림 최혜인 / 감수 이재열

시공주니어

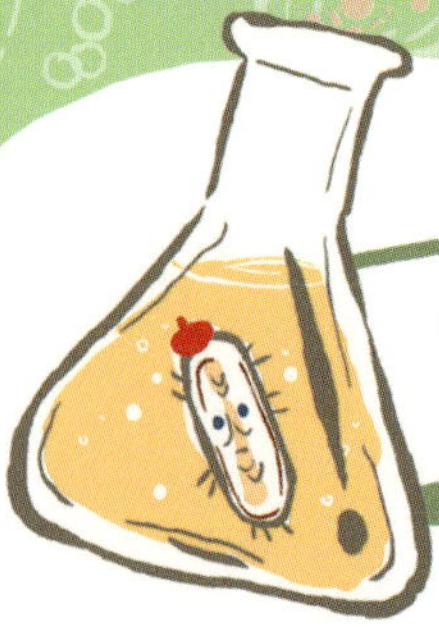

작가의 말

우렁이 각시를 아나요? 혼자 사는 총각을 위해서 아무도 몰래 밥을 하고 빨래를 하고 청소를 하던 옛이야기 속 우렁이 각시 말이에요. 옛이야기처럼, 나한테도 우렁이 각시가 있으면 좋겠다고 생각하는 친구가 있을지도 모르겠어요. 우렁이 각시가 숙제랑 공부를 대신해 주면 맘껏 놀 수 있을 테니까요.

그런데 사실 우리에게는 우렁이 각시가 있어요. 여러분이 바라는 것처럼 숙제랑 공부를 대신해 주지는 않지만, 우리를 위해서 음식을 만들고, 우리 주위를 말끔히 치워 주고, 우리 몸을 지켜 줄 뿐만 아니라 심지어 병까지 고쳐 준답니다. 바로 미생물이에요.

미생물이 우렁이 각시라고 하니까 거짓말 같죠? 엉뚱한 소리 한다고 고개를 살래살래 젓는 친구도 있네요. 당연해요. 미생물이라고 하면 으레 음식을 상하게 하거나 질병을 일으키는 등 사람들에게 해를 끼치는 것들이 가장 먼저 떠오를 테니까요. 그렇지만 해로운 미생물보다 사람들에게 도움을 주는 미생물이 훨씬 더 많답니다.

요구르트와 치즈, 보글보글 된장찌개, 아삭아삭 김치, 새콤하고 달콤한 피클, 고소한 빵은 모두 미생물이 만들어 주는 음식이에요. 햇볕 아래에서 우리 피부를 보호해 주는 것도 미생물이고, 아픈 사람을 치료하는 데 꼭 필요한 몇몇 약들은 미생물에게서 얻지요. 지독한 냄새를 폴폴 풍기며 썩어 가는 것들도 사실은 미생물이 우리가 사는 생태계를 청소하는 모습이에요. 여기서 한 걸음 더 나아가 사람들이 오염시킨 환경을 되살리는 미생물도 있어요.

우리가 모르는 사이에 이렇게 많은 일을 하는 걸 보니, 미생물을 우렁이 각시라 부를 만하지 않나요? 가장 중요한 것은 눈에 보이지 않는다는 말이 있어요. 미생물에게 이보다 더 딱 들어맞는 말은 없다는 생각이 들어요.

내 말이 맞는지 틀리는지 확인해 보고 싶은 친구는 루이와 레오와 함께 어린이 탐정단에 들어오세요. 차근차근 메두사에 관한 진실을 풀어 가면, 미생물에 대한 오해가 하나씩 풀릴 테니까요.

이금희

차례

등장인물

루이

열두 살 소년. 두 살 때 사고로 부모님이 돌아가시고 난 뒤 할아버지인 베르나르 영감과 살고 있다. 할아버지 대신 집안일을 도맡아 한 탓에 책임감이 강하고, 이제 막 미생물에 대한 관심이 싹트기 시작했다. 학교에서 또래 아이들과 함께 공부해 보는 것이 소원이다.

베르나르 영감

루이의 할아버지. 예순 살쯤 되었다. 예전에는 이름난 탐정이었는데, 루이를 맡아 기르기 시작하면서 탐정 일을 그만두었다. 대신 골방에 틀어박혀 현미경으로 미생물 관찰하기를 즐긴다. 마을에서 멀리 떨어진 숲속 외딴집에 살 뿐만 아니라 사람들과 어울리는 것도 싫어해서 '괴팍하고 이상한 늙은이'로 불린다.

레오

미생물에 대한 관심은 말할 것도 없고 아는 것도 많아서 박사라는 별명을 가지고 있다. 자기를 늘 어린애 취급하는 엄마에게 불만이지만, 그렇다고 해서 엄마의 뜻을 크게 거스르지도 않는다. 미생물에 대한 지식을 나누어 주면서 루이를 돕는다.

대장

힘세고 리더십도 좋아서 아이들이 많이 따른다. 그래서 이름보다는 대장이라는 별명으로 주로 불린다. 레오와 친한 친구이며, 처음 보는 루이 일에 선뜻 나서는 따뜻한 마음씨를 지녔다.

꼬마

작은 몸집 때문에 꼬마라는 별명으로 불리는 레오의 친구. 달리기를 잘하고 재치도 있는 소년이다.

레오의 아빠

파스퇴르 연구소 연구원이다. 루이의 아빠와 어렸을 때부터 붙어 다닌 친한 친구로, 루이네 일을 자기 일처럼 여기고 돕는다.

레오의 엄마

지나칠 정도로 레오에 대한 걱정을 달고 산다. 그렇지만 상냥하고 다정하고 사랑이 넘치는 성격이며, 가끔은 화끈한 모습도 보여 준다.

뮈세 박사

파스퇴르 연구소의 부소장. 베르나르 영감에게 사라진 미생물 '메두사'를 찾아 달라고 의뢰한 사람이기도 하다.

1. 숲에 사는 아이

프랑스 서북부에 있는 디에프는 파리에서 기차로 두 시간쯤 걸리는 작은 마을이다. 해안선이 아름다운 것으로 잘 알려진 그곳에 해안선보다도 더 자주 마을 사람들의 입에 오르내리는 사람이 있었다.

"베르나르 영감 이야기 들었어요? 세상에, 어제는 진흙 구덩이를 헤매고 다녔다지 뭐예요?"

"썩는 냄새가 풀풀 나는 하수구도 들락날락한다는데, 진흙 구덩이가 뭐 놀랄 거리라도 되나요?"

"어머, 그래요? 그런 영감이랑 같이 사는 루이가 불쌍하지 뭐예요."

"그러게요. 가엾어서 어쩌나……."

마을 사람들은 두세 명만 모여도 이런 얘기를 주고받았다. 그만큼 베르나르 영감이 괴상하게 느껴졌기 때문이었다.

베르나르 영감이 디에프 마을에 처음 나타난 것은 10년 전쯤이었다. 마을 사람들은 어린 손자를 데리고 온 영감을 진심으로 환영했다. 디에프 마을 사람들은 베르나르 영감과 다정하고 친절한 이웃으로 지내고 싶어 했다. 그렇지만 사람들의 바람과는 달리 베르나르 영감은 마을에서 한참 안쪽에 있는 산기슭에 외딴집을 짓고 살았다. 마을 사람들과 말을 섞지도 않았고, 집 안에 틀어박혀서 밖으로 나오는 일도 드물었다. 어쩌다가 마을로 내려올 때도 있었지만, 그때마다 진흙탕이나 쓰레기장, 갯벌, 시장 골목, 개울가 등을 뒤지고 다녔다. 그래서 디에프 마을에는 베르나르 영감에 대한 괴상한 이야기들이 많이 떠돌았다.

그나마 영감의 이름이라도 알게 된 것은 책방 주인 때문이었다. 사람들과 어울리기 싫어하는 베르나르 영감이 이따금 찾아가서 이야기를 나누는 단 한 사람이 바로 책방 주인이었기 때문이다. 책방 주인의 말에 따르면, 베르나르 영감은 과학, 특히 눈에 보이지도 않는 아주 작은 생물에 관심이 많다고 했다. 책방에 오면 주로 작은 생물과 관계가 있는 책들을 찾아보았고, 따로 주문을 하기도 했다고 한다.

어느덧 시간이 흘러 1907년, 베르나르 영감 품에 안겨서 디에프 마을로 온 루이는 열두 살 소년이 되었다. 그리고 지금 루이는 6월의 햇살을 받으며 숲길을 달려서 마을에 가는 중이다. 루이는 일주일에 한 번씩 마을로 내려왔다. 사람들과 어울리지 않는 베르나르 영감 대신 마을에서 먹을 것과 여러 가지 필요한 물건을 사기 위해서였다. 루이가 아직 어릴 때에는 책방 주인의 도움을 받았지만, 몇 해 전부터는 루이가 이 일을 맡아 하고 있었다.

아무리 서두른다고 해도 마을에 다녀오려면 반나절이 족히 걸렸다. 그렇지만 운 좋게도 시간이 조금 남으면 마을을 돌아다니며 이곳저곳 구경할 수 있었다. 그래서 마을에 가는 날은 루이에게 몹시 기다려지는, 아주 신나는 날이었다. 루이는 시간을 아끼려고 힘을 내서 달리고 또 달렸다.

"루이 왔구나."

"오랜만이야, 루이."

"잘 지냈니?"

"그새 키가 또 많이 자란 것 같은데?"

마주치는 사람들마다 루이에게 아는 척을 했다. 진심으로 루이를 반가워하는 사람들도 더러 있었지만, 대개는 괴짜 할아버지와 둘이서 숲속에 사는 루이를 신기해하거나 가엾게 여기는 사람들이었다. 그런 걸 모를 리 없는 루이는 건성으로 인사를 하며 걸음을 서둘렀다.

어느덧 책방이 보였다. 그런데 책방 앞에 사람들이 웅성거리며 몰려 서 있었다. 조금 더 다가가니 누군가의 손에서 신문이 펄럭이는 게 보였다.

'신문에 뭔가 굉장한 소식이 실렸나 보네.'

루이는 이런 생각을 하며 책방 문을 열고 들어갔다. 문에 매달린 종에서 '딸랑' 소리가 나자 책방 주인이 돌아보았다.

"오랜만이구나, 루이야. 할아버지는 안녕하시냐?"

"예. 할아버지도 아저씨한테 안부 전해 달라고 하셨어요. 그런데 아저씨, 신문에 뭐 특별한 소식이라도 났어요?"

루이가 책방 앞에 몰려 있는 사람들을 가리키며 물었다.

"으응, 우리 프랑스군이랑 독일군이 국경에서 또 한바탕 싸움을 했다는구나. 이러다가 정말 전쟁이라도 터지는 건 아닌지 걱정이 되어서들 저러는 거야."

"아저씨 생각에는 어떨 것 같으세요?"

"그야 모르지. 그렇지만 요즘 같아서는 하루하루가 불안한 건 사실이란다. 그건 그렇고 이리 좀 와 볼래?"

책방 주인이 루이 손을 잡아끌었다.

"왜 그러세요, 아저씨?"

"네게 보여 줄 게 있거든. 맘에 들 거다."

책방 주인이 루이를 데리고 간 곳은 책방 한쪽에 붙어 있는 곁방이었다. 문처럼 사용하는 미닫이 책장을 한쪽으로 밀자 작은 방이 나왔다. 책상과

의자 몇 개, 간이침대가 놓여 있는 아담한 방이었다. 책상 위에는 책 몇 권과 보다가 놓아둔 듯싶은 책이 한 권 놓여 있었고, 옆에는 무엇인가가 검은색 천에 덮여 있었다. 책방 주인은 책상 앞에 서더니 덮어 놓았던 검은 천을 벗겨 냈다.

"우아! 현미경이잖아요!"

루이가 반가움과 놀라움이 뒤섞인 목소리로 말했다.

"그래. 파리에 사는 친구가 맡긴 건데, 사정이 생겨서 팔고 싶다는구나. 그래서 베르나르 영감님이 살 수 있지 않을까 생각했거든. 한번 여

줘보겠니?"

루이는 현미경을 쳐다보고 또 쳐다봤다. 접안렌즈, 경통, 대물렌즈, 반사경. 루이는 현미경의 부분 부분을 눈으로 훑으며 각 부분의 이름을 입안에서 웅얼거렸다. 갖고 싶었다.

책방 주인이 검은색 천으로 다시 현미경을 덮었다. 루이는 자꾸만 현미경 쪽으로 가는 눈길을 애써 거둬들였다. 그리고 떨어지지 않는 발걸음으로 곁방을 나왔다.

책방으로 다시 돌아오자, 주인이 물었다.

"오늘은 무슨 일로 왔니?"

"이것저것 먹을 것을 사러 나왔어요. 그리고 할아버지가 전에 구해 달라고 부탁했던 책이 도착했으면 가져오라고 하셨고요."

"아, 그래. 맞다. 베르나르 영감님이 구해 달라고 했던 책이 있었어. 잠깐만 기다리거라. 금방 가서 찾아오마."

책방 주인이 서둘러 자리를 떴다. 루이는 기다리는 동안 책방 안을 걸어 다니면서 진열되어 있는 책들을 훑어보았다. 조금 있으니 책방 주인이 두툼한 책을 들고 돌아왔다.

"여기 있다. 이번 책은 좀 무거울 텐데, 괜찮겠니?"

"그럼요, 걱정 마세요. 제가 이래 보여도 힘이 아주 세다고요."

루이는 야윈 팔을 힘차게 들어 보였다. 그 모습을 보고 책방 주인이 허허 웃으며 책을 건넸다.

책방을 나선 루이는 곧장 식료품 가게로 갔다. 다른 때 같았으면 마을 구경에 나섰을 테지만, 책방 주인이 보여 준 현미경이 자꾸만 눈에 아른거려서 다른 것들은 시시하게 느껴졌다. 식료품 가게에서 채소랑 과일 몇 가지를 사고, 빵집에 들러 빵을 산 다음 집으로 향했다. 마을에 갈 때와 달리 집으로 돌아갈 때에는 서두르지도 않고 숨 가쁘게 뛰지도 않았다.

"할아버지!"

루이는 집 안으로 들어서며 할아버지인 베르나르 영감을 불렀다. 그렇지만 대답은 없었다. 언제나처럼 베르나르 영감은 작업 방에 틀어박혀 있을 테니까 그다지 놀랄 일도 아니었다. 딱히 대답을 바라고 할아버지를 부른 것은 아니었지만, 그래도 왠지 기분이 씁쓸했다.

'어쩌다 한 번쯤은 밖에 나와서 맞아 주실 수도 있을 텐데.'

루이는 그런 생각을 하며 마을에서 사 온 물건들을 식탁 위에 내려놓았다.

"책은 왔더냐?"

어느 틈에 작업 방에서 나왔는지 베르나르 영감이 루이에게 물었다.

"여기요. 무거워서 혼났어요."

루이는 책을 건네면서 엄살을 부렸다.

"그래, 애썼다."

"책방 아저씨가 현미경을 보여 주셨어요. 파리에 사는 친구가 맡긴 건데, 할아버지가 사실 건지 궁금해하시던걸요."

"다음에 만나면 필요 없다고 전하거라."

"정말 멋지던데……. 파스퇴르 박사가 쓰던 것보다 몇 배는 더 좋은, 최신형이랬어요."

베르나르 영감의 마음을 끌기 위해서 루이는 책방 주인이 하지도 않은 말까지 덧붙였다. 그런 루이를 보면서 베르나르 영감은 끌끌 혀를 찼다.

루이는 베르나르 영감에게 들릴락 말락 하게 중얼거렸다.

"갖고 싶은데……."

"현미경은 맨눈으로 보기 어려운 아주 작은 생물들을 보기 위해서 필요한 것이야. 그런데 우리에겐 벌써 현미경이 있으니 새로 사야 할 까닭이 없잖니?"

"저도 제 현미경을 갖고 싶은걸요."

"네가 미생물에 대해서 제대로 공부하고 난 뒤에 마련해 주마."

"아주 작은 생물을 미생물이라고 부른다는 것쯤은 저도 알아요."

"어쨌든 지금은 안 돼!"

베르나르 영감이 단호하게 말했다. 루이는 입을 삐죽 내밀었다.

"할아버진 너무하세요."

루이의 말을 뒤로한 채, 베르나르 영감은 새 책을 가지고 작업 방으로 들어갔다.

호기심 팡팡! 지식이 쑥쑥!

현미경의 구조와 사용법

현미경은 눈으로 볼 수 없을 만큼 작은 물체나 미생물을 확대해서 보는 기구를 말해. 미생물에 대해서 알아보려면 당연히 현미경을 다룰 줄 알아야겠지? 먼저 현미경의 각 부분부터 살펴보자.

접안렌즈는 눈으로 들여다보는 렌즈로, 물체의 상을 크게 보이게 해.

경통은 대물렌즈에서 접안렌즈까지 빛을 전달하는 길이 되는 통이야.

회전판은 배율이 다른 대물렌즈를 바꿀 때 사용해. 손으로 돌려서 조절하면 돼.

대물렌즈는 물체를 비추는 렌즈로, 물체의 상을 크게 보여 줘.

재물대는 물체를 올려놓는 곳이야. 보통 프레파라트를 올려놓지. 현미경으로 관찰하기 위해서 슬라이드 글라스 위에 물체를 올려놓고 커버 글라스로 덮은 걸 프레파라트라고 해.

클립은 프레파라트를 고정시키는 장치야. 프레파라트를 클립 사이에 끼우면 돼.

조리개로는 렌즈로 들어오는 빛의 양을 조절할 수 있어.

받침대는 현미경 본체를 받쳐 주지.

반사경은 면이 평평한 평면경과 면이 오목한 오목경의 양면으로 되어 있어. 빛이 들어오는 각도를 조절해서 빛의 양을 조절하는 역할을 해. 조리개를 돌리면 반사경을 움직일 수 있어.

조동 나사는 재물대나 경통을 크게 움직여서 물체의 상을 찾는 데 사용해.

미동 나사는 재물대나 경통을 작게 움직여서 조동 나사로 맞춘 상을 더 정확하게 맞추는 데 사용해.

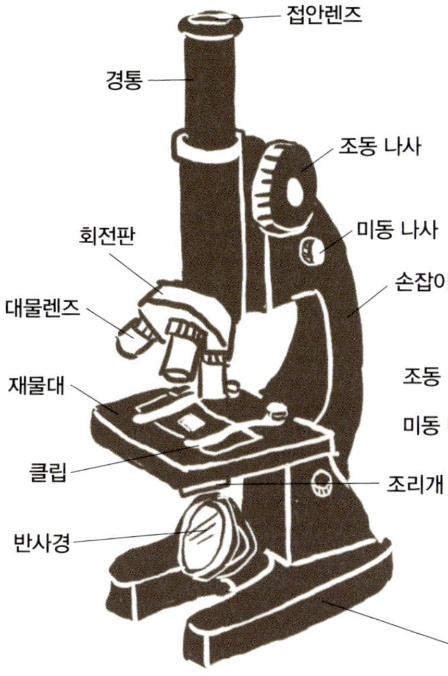

경통 이동식 현미경

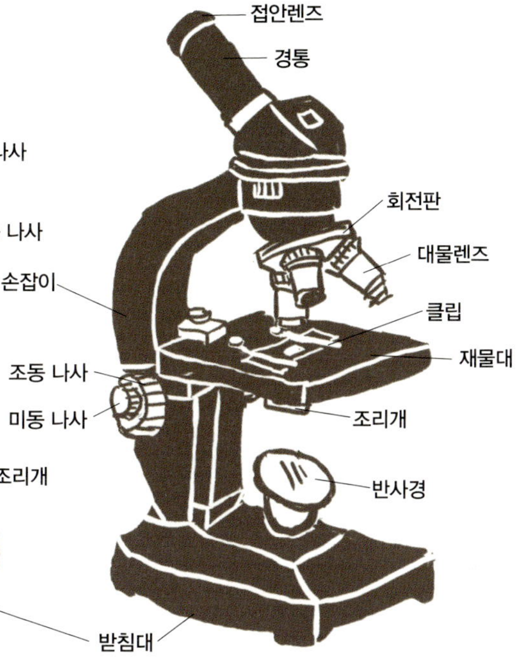

재물대 이동식 현미경

손잡이는 현미경을 옮길 때 잡는 부분이야. 현미경을 옮길 때에는 한 손으로 손잡이를 잡고 다른 한 손으로는 받침대를 잡아야 해.

이번에는 현미경으로 물체를 관찰하는 방법을 알려 줄게.

① 회전판을 돌려 배율이 가장 낮은 대물렌즈를 맞춘 다음, 반사경을 움직여서 빛의 양을 조절한다.

② 재물대 위에 프레파라트를 얹고 클립으로 고정시킨다.

③ 대물렌즈를 프레파라트에 거의 닿을 정도로 조절하고 조동 나사를 돌려서 상을 대강 맞춘다.

④ 접안렌즈로 상을 들여다보면서 미동 나사로 상을 뚜렷하게 맞춘 뒤 관찰한다.

처음에는 낮은 배율로 관찰하다가 차츰 배율을 높여 가야 해. 배율은 그 물체보다 상이 얼마만큼 크게 보이는지를 말해 주는 거야. 그래서 배율이 높을수록 물체는 더 크게 보인단다. 대개 접안렌즈는 길이가 짧을수록 배율이 높고, 대물렌즈는 길이가 길수록 배율이 높아져. 처음에는 길이가 가장 짧은 대물렌즈로 관찰을 시작해야 하지.

현미경 다루는 방법이 생각보다 어렵지 않지?

미생물은 바로 이런 것!

미생물은 눈으로 볼 수 없을 만큼 매우 작은 생물을 통틀어 이르는 말이야. 따라서 미생물의 종류는 무척 많고, 모양도 제각각이지. 그렇지만 같은 무리로 묶인 만큼 닮은 점도 있단다.

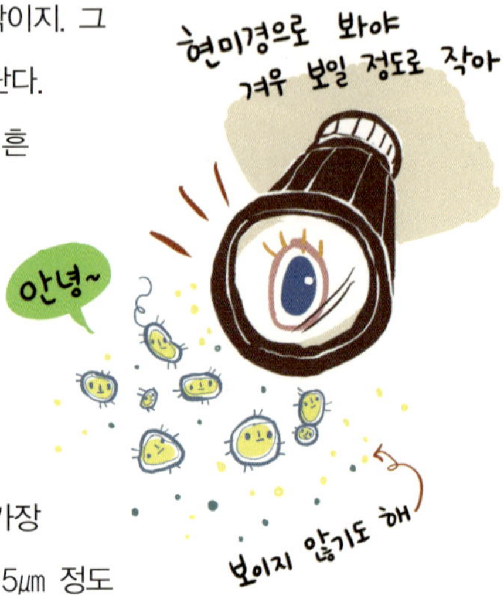

하나. 미생물은 크기가 아주 작아. 우리가 흔히 쓰는 인치(inch)나 밀리미터(mm) 등의 단위로는 크기를 잴 수가 없을 만큼 말이야. 그래서 새로운 단위를 만들어 내야만 했단다. 바로 마이크로미터(㎛)야. 1㎛는 1m의 100만분의 1이야.

가장 작은 세균의 지름은 약 0.15㎛이고, 가장 큰 세균의 지름은 25㎛야. 대부분의 세균은 5㎛ 정도란다. 효모는 지름이 5㎛쯤 되고, 곰팡이는 길이가 25㎛ 정도이거나 좀 더 긴 것도 있어. 원생동물의 크기는 보통 3~300㎛이고, 단세포 조류는 대개 0.1㎛ 정도의 크기지.

세균보다 작은 바이러스는 마이크로미터 단위로도 크기를 잴 수가 없어. 그래서 또 다른 단위인 나노미터(nm)로 잰단다. 1nm는 1㎛의 1000분의 1이야. 가장 작은 바이러스는 지름이 25nm, 가장 큰 바이러스는 지름이 250nm 정도이지.

둘. 미생물은 몸의 구조가 아주 단순해. 단세포이거나 무리를 이루거나 균사체 등의 모습으로 살아가지.

셋. 암수로 나뉘어 자식을 만드는 다른 생물들에 비해서, 미생물은 자손을 퍼뜨리는 방법도 단순해. 한 개의 엄마 세포가 둘로 나뉘면서 자손을 만들기도 하고, 엄마 세포에서 딸세포가 자라나 떨어져 나오기도 하지. 또 홀씨나 균사를 만들어서 번식을 하기도 한단다.

넷. 미생물은 번식 방법이 단순한 만큼 번식 속도가 매우 빨라. 대장균은 20분, 알코올 효모는 한두 시간, 비브리오균은 겨우 몇 분 만에 자식을 만들어.

다섯. 미생물은 환경 변화에 쉽게 적응을 해. 그래서 미생물은 아주 옛날부터 오래오래 살아남을 수 있었단다.

여섯. 우리가 살아가는 곳곳에 퍼져 있고, 실험실에서 쉽게 다룰 수 있다는 것도 미생물의 특징이야.

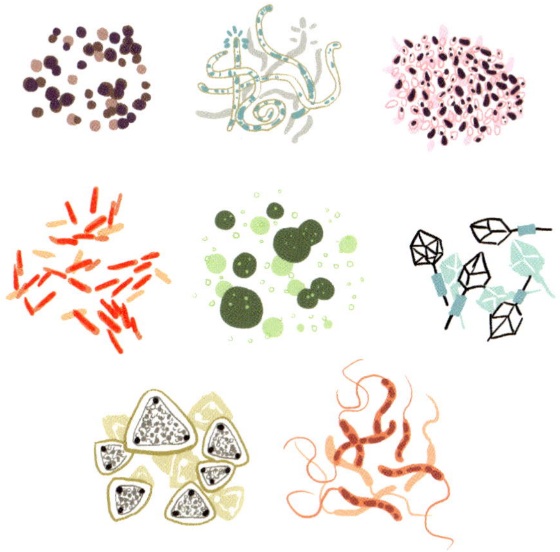

여러 가지 미생물

찾아라, 미생물 사냥꾼!

안톤 판 레이우엔훅

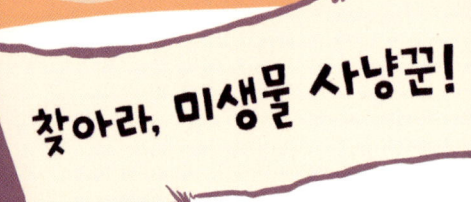

Anton Van Leeuwenhoek (1632~1723)

현미경은 누가 처음 만들었을까?

1590년쯤, 네덜란드의 안경 제작자인 얀센 부자가 발명했다고 해. 그렇지만 현미경 발전에 가장 크게 이바지하고, 현미경을 가장 쓸모 있게 사용한 최초의 사람은 '안톤 판 레이우엔훅'이란다.

레이우엔훅은 1632년에 네덜란드에서 태어났어. 레이우엔훅은 원래 옷감을 파는 사람이었는데, 렌즈에 남달리 관심이 많았단다. 렌즈는 현미경의 생명과도 같은 거야. 좋은 렌즈일수록 물체를 더 잘 볼 수 있게 해 주거든.

레이우엔훅은 안경 만드는 사람에게 가서 렌즈 만드는 방법을 배웠어. 그러고는 연구에 연구를 거듭하고, 노력에 노력을 더하여 자기가 직접 더 나은 렌즈를 만들어 냈단다. 그렇지만 레이우엔훅은 렌즈 만드는 방법을 혼자서만 간직했어. 자기가 만든 현미경을 다른 사람들에게 보여 주지도 않았다고 해.

레이우엔훅은 현미경으로 손에 잡히는 모든 것들을 관찰하기 시작했어. 고래의 근육 섬유, 자신의 피부 각질, 황소 눈알, 수달과 양과 사슴의 털, 파리의 머리, 벼룩의 침과 이의 다리 등 종류를 가리지 않았지.

그러던 어느 날이었어. 비가 내린 다음 날이었지. 마당에는 빗물을 받아 놓은 그릇이 있었어. 레이우엔훅은 머리카락같이 가는 유리관을 작은 조각으로 잘라서 빗물 그릇에 담갔다가 꺼냈어. 그런 다음 그 작은 유리관을 현미경 위에 붙이고 들여다보았지. 그랬더니 아주아주 작은 동물들이 빗물 속을 헤엄쳐 다니고 있는 것이 보였어. 아무것도 없을 것 같은 빗물 속에 작은 동물들이 있을 거라고 누가 생각이나 했겠어? 그 날, 레이우엔훅은 굉장한 발견을 한 거란다. 미생물을 가장 처음 본 사람이 되었으니까!

레이우엔훅의 발견 덕분에 사람들은 눈에 보이지는 않지만 아주 작은 동물들이 세상에 살고 있다는 사실을 알게 되었어.

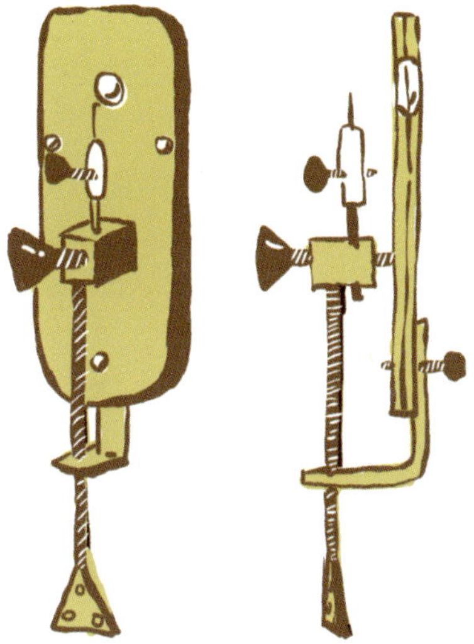

레이우엔훅이 만든 현미경

2. 어떤 손님

“루이야, 이것 좀 보렴.”

베르나르 영감이 작업 방에서 뛰어나오며 소리쳤다. 현미경 일이 아직도 마음에 남아 있던 루이는 베르나르 영감의 말에 들은 척도 하지 않았다.

“이리 오래도. 얼른!”

베르나르 영감이 루이의 옷자락을 잡아끌었다. 루이는 여전히 샐쭉한 표정으로 못 이기는 척 베르나르 영감을 따라서 작업 방으로 갔다.

“우리 집 뒤에 샘이 하나 있잖니? 거기 물을 조금 떠 왔는데, 이런 녀석들이 있구나. 한번 보렴.”

베르나르 영감은 루이를 현미경 앞에 앉혔다.

루이가 현미경을 들여다보았더니 신발처럼 긴

타원 모양으로 생긴 것들이 꼬물꼬물 움직이고 있었다. 그것들의 몸은 보송보송 난 작은 솜털로 덮여 있었다.

"이게 뭐예요, 할아버지?"

"짚신벌레란다. 자잘하게 나 있는 솜털 같은 게 보이지? 그걸 섬모라고 하는데 섬모를 움직여서 앞으로 가거나 뒤로 가거나 빙글빙글 돌 수도 있지."

"짚신벌레는 미생물이에요?"

루이는 여전히 현미경에서 눈을 떼지 않고서 물었다.

"짚신벌레는 세포 하나짜리 동물이야. 크기가 가장 작고 생김새가 가장 단순한 동물인 셈이지. 그래서 맨눈으로는 볼 수 없고 현미경으로만 볼 수 있단다."

"그럼 동물이에요?"

"짚신벌레 같은 동물을 원생동물이라고 해. 원생동물은 미생물에 속한단다."

"아하, 그러니까 짚신벌레는 미생물인 거네요. 그 말씀을 왜 그렇게 어렵게 하세요? 아까 제가 여쭤 보았을 때, 그냥 '그래.'라고 대답하셨으면 간단할걸."

루이가 투덜대자, 베르나르 영감이 짐짓 밉다는 표정을 지으며 루이의 머리를 가볍게 쥐어박았다.

"그래서 불만이냐?"

베르나르 영감이 뚱한 목소리로 말했다.

"그동안 어깨너머로 공부하게 한 것이 마음에 걸려서 이제부터라도 제대로 가르쳐 보려고 했더니, 도무지 배우려는 자세가 안 됐구나. 그만둬야겠다."

"헉! 그게 정말이세요, 할아버지? 진작 말씀하시지. 저 하나도 불만 없어요. 어떻게 하셔도 다 좋다고요."

베르나르 영감의 말에 루이는 화들짝 놀라고 말았다. 지금껏 제대로 미생물 공부를 하고 싶었지만 그럴 수 없었던 루이는 어떻게든 베르나르 영감의 마음을 돌려 보려고 애썼다. 그런 루이를 곁눈질로 쳐다보면서 베르나르 영감은 루이 몰래 빙그레 미소를 지었다. 하지만 루이에게는 마음이 내키지 않는다는 듯 계속 뚱한 목소리로 말했다.

"글쎄다……. 쓸데없이 노력할 필요는 없단다."

"제가 어떻게 하면 믿으시겠어요?"

루이가 이번에는 발까지 구르며 물었다. 그래도 베르나르 영감은 싫으면 말라는 자세를 버리지 않았다.

"할아버지, 목마르지 않으세요? 제가 차 한 잔 가져올게요."

이번에는 작전을 바꾼 듯 루이가 생글생글 웃으며 베르나르 영감에게 말했다. 그제야 베르나르 영감은 싱긋 웃으며 고개를 끄덕였다.

"짚신벌레 얘기는 그만하면 된 것 같으니까 같이 나가자꾸나. 차는 마당에서 마시도록 하자. 오랜만에 저녁노을이 보고 싶구나."

"차는 제가 준비할게요, 할아버지."

베르나르 영감과 루이가 작업 방에서 나오자마자 밖에서 무슨 소리가 났다. 똑똑똑. 누가 문을 두드리는 소리가 틀림없었다. 그렇지만 루이네 집 문을 두드릴 만한 사람은 한 명도 없었다. 책방 주인도 베르나르 영감이 특별히 부탁했을 때가 아니면 스스로 루이네 집까지 오지는 않았다.

루이는 멀뚱멀뚱 베르나르 영감을 쳐다보았다. 루이가 목소리를 낮춰 가며 말했다.

"누가 왔나 봐요, 할아버지."

그때, 또다시 문을 두드리는 소리가 들렸다. 이윽고 베르나르 영감이 천천히 걸음을 옮기더니 현관문을 열었다.

"잠깐 들어가도 되겠습니까?"

쉰 살쯤 되어 보이는 남자가 문밖에 서 있었다. 베르나르 영감이 한쪽으로 비켜서며 남자를 맞아들였다. 남자는 중절모를 벗어 손에 들고서 베르나르 영감에게 꾸벅 인사를 했다.

"오랜만에 뵙습니다. 그때 이후, 처음이지요?"

"여긴 어쩐 일이오, 뮈세 박사?"

베르나르 영감이 무뚝뚝하게 물었다. 그렇지만 남자는 베르나르 영감의 말에 신경 쓰지 않고 루이에게로 눈길을 주며 말했다.

"이 아이가 루이인가 보군요. 많이 컸네요."

남자가 계속 루이를 뚫어지게 쳐다보자, 베르나르 영감이 마지못해 남자를 루이에게 소개했다.

"파리 파스퇴르 연구소의 부소장 뮈세 박사란다. 인사드리거라."

루이가 꾸벅 인사를 하자, 뮈세 박사가 누런 이를 드러내며 웃었다.

"저희 연구소에 문제가 좀 생겨서 어르신께 부탁을 드리려고 왔습니다."

"하필이면 왜 나요?"

"아드님 내외를 잃으신 일 때문에 저에 대한 감정이 좋

지 않으신 것은 알고 있습니다. 그렇지만 이 일에 어르신만 한 적임자는 없습니다. 나라를 위한 일로 생각해 주십시오."

"무슨 말인지 모르겠군요."

"저희 연구소가 파스퇴르 박사의 업적을 기리는 의미에서 세워졌다는 것은 잘 알고 계시리라 믿습니다. 초대 소장 역시 파스퇴르 박사가 맡으셨고요. 파스퇴르 박사가 백신 연구에 많은 노력을 기울였다는 것 또한 잘 알려진 사실입니다. 그런데 저희 연구소에는 몇몇 사람만 알고 있는 비밀이 있습니다."

뮈세 박사가 말을 멈추고 침을 삼켰다.

베르나르 영감이 고개를 절레절레 흔들면서 뮈세 박사에게 말했다.

"그게 나와 무슨 상관이라도 있소? 파스퇴르 연구소와 나와의 인연은 이미 10년 전에 끝났는데!"

루이는 두 눈을 동그랗게 뜬 채 두 사람을 번갈아 쳐다보았다.

"그런 말씀은 잠깐 접어 두십시오. 부탁입니다. 파스퇴르 박사는 백신을 연구하면서 여러 가지 세균을 길렀습니다. 그 가운데에는 가장 위

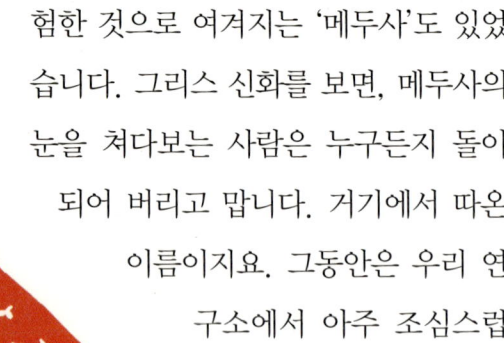

험한 것으로 여겨지는 '메두사'도 있었습니다. 그리스 신화를 보면, 메두사의 눈을 쳐다보는 사람은 누구든지 돌이 되어 버리고 맙니다. 거기에서 따온 이름이지요. 그동안은 우리 연구소에서 아주 조심스럽고 은밀하게 관리해 왔지만, 며칠 전에 갑자기 사라지고 말았습니다. 메두사가 세상에 퍼진다면 전 세계 사람들의 반 이상이 목숨을 잃을지도 모릅니다."

"그래서 지금 나더러 메두사를 찾아내란 말인가요?"

"그렇습니다. 개인적인 감정은 잠시 접어 두시고, 저희를 좀 도와주십시오."

베르나르 영감은 한동안 말없이 서 있었다. 루이는 베르나르 영감의 눈썹이 씰룩씰룩 움직이는 것을 보았다. 그건 베르나르 영감이 뭔가 깊은 생각에 잠겼을 때 나타나는 버릇이었다. 숨소리만 오가는 어색한 시간이 흐르고 난 뒤, 드디어 베르나르 영감이 입을 열었다.

"내일, 연구소로 가겠소. 그렇지만 큰 기대는 하지 마시오."

"불쑥 찾아와서 죄송합니다. 매우 중요하고 급한 일이다 보니……."

베르나르 영감과 이야기를 나누던 뮈세 박사가 루이를 돌아다보았다.

"네 아버질 많이 닮았구나."

뮈세 박사가 루이의 머리를 쓰다듬으며 말했다. 그러고 나서 뮈세 박사는 어둠 속으로 사라졌다.

"할아버지, 엄마 아빠는 어떤 분이었어요?"

문을 닫고 돌아서는 베르나르 영감에게 루이가 물었다. 베르나르 영감은 대답 대신 다른 말을 했다.

"아침 일찍 출발할 테니까 미리미리 준비해 놓거라."

베르나르 영감의 말에 루이는 쫓기듯 자기 방으로 들어왔다.

'부모님은 어떤 분일까? 할아버지는 왜 뮈세 박사를 싫어하는 것처럼 보일까? 과거에 할아버지는 어떤 일을 했을까?'

루이는 생각하고 또 생각했다. 그렇지만 아무리 생각해도 답을 찾을 수는 없었다.

원생생물을 말하다

사람들은 아주 오랫동안 생물을 딱 두 가지로만 나눴어. 스스로 움직이면서 먹이를 찾아다니는 동물과, 동물이 아닌 모두를 포함하는 식물이었지. 그런데 레이우엔훅이 현미경으로 작은 동물들을 관찰하고 난 뒤부터 사람들의 생각은 좀 달라졌어. 세상에 있는 생물을 동물과 식물, 두 가지로만 나눠서는 안 된다고 생각하게 된 거야. 그래서 동물, 식물, 미생물, 이렇게 세 가지로 생물을 나누기로 했어. 우리가 흔히 말하는 미생물은 대개가 동물인지 식물인지 딱 꼬집어 말할 수 없는 생물들이야.

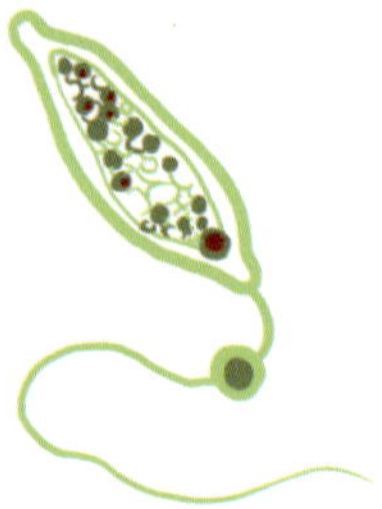
유글레나

유글레나는 꼬리처럼 길게 나 있는 편모로 움직일 수도 있고, 엽록소가 있어서 광합성을 할 수도 있어. 어떻게 보면 동물이고, 또 어떻게 보면 식물인 셈이지. 이렇게 동물과 식물의 특징을 가지고 있지만, 동물이나 식물이 아닌 것들을 원생생물이라고 해. 보통 한 개의 핵을 가진 단세포 생물을 말하지. 원생생물도 물론 미생물이야.

원생생물은 가장 처음 생겨난 동물이라는 뜻이야. 크게 원생동물, 단세포 조류, 점균류의 세 종류로 나눌 수 있어.

원생동물은 주로 물과 축축한 땅에서 사는데, 많은 원생동물이 동물성 플랑크톤에 속한단다. 원생동물에는 짚신벌레, 종벌레, 나팔벌레, 유글레나, 아메바 등이 있어.

단세포 조류는 광합성을 할 수 있기 때문에 식물과 매우 비슷하지만, 한 개의 세포로 이루어진 생물이기 때문에 원생생물이야. 바다에 사는 작은 동물들의 먹이가

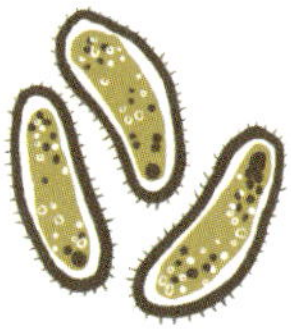
짚신벌레

종벌레

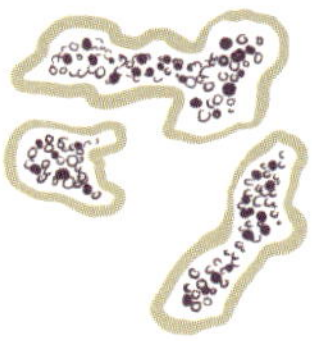
아메바

나팔벌레

되는 식물성 플랑크톤이 바로 단세포 조류들이야. 돌말, 장구말, 반달말, 해캄, 볼복스 등이 단세포 조류에 속해. 유글레나는 원생동물로도 단세포 조류로도 불리는 좀 특별한 미생물이란다.

돌말

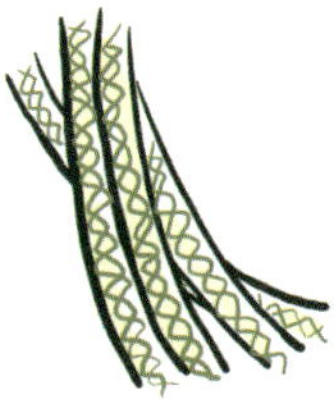
해캄

장구말

반달말

점균류는 원생동물과 곰팡이의 특징을 모두 가지고 있는 미생물이야. 점균류가 뭔지 잘 모르겠다면, 공상 과학 영화에 흔히 나오는, 액체로 퍼져 흐르는 끈적끈적하고 미끌미끌한 이상한 생명체를 떠올려 봐. 점균류는 바로 그렇게 생겼어.

점균류는 어둡고 차갑고 물기가 많은 곳에서 살아. 오래된 통나무를 뒤집으면 아래쪽에 흰색이나 노란색의 부채 모양이나 천천히 흐르는 액체 상태의 살아 있는 물질을 볼 수 있어. 그게 바로 점균류야.

점균류

찾아라, 미생물 사냥꾼!

라차로 스팔란차니

Lazzaro Spallanzani (1729~1799)

라차로 스팔란차니는 이탈리아의 생물학자야. 1770년, 스팔란차니는 우연히 책을 한 권 보았어. 그 책은 썩은 고기에서 저절로 파리가 생길 수 있다고 사람들이 믿는 까닭을 도무지 모르겠다고 말하고 있었어. 그 당시 대부분의 사람들은 눈에 보이지 않는 생물들은 스스로 생겨날 수 있다고 믿었거든. 무생물로부터 생물이 생겨날 수 있다는 이런 옛 학설을 자연발생설이라고 해. 스팔란차니는 그것이 진실인지 궁금했어. 때마침 영국의 존 터버빌 니덤이라는 과학자가 끓인 고기 국물에서 미생물이 생겨난 것을 보고 '죽은 것으로부터 생명이 자연적으로 생겨난다.'는 주장을 했어. 자연발생설을 지지한 것이지. 스팔란차니는 니덤의 주장이 틀렸다고 생각하고, 그것을 밝혀내고야 말겠다고 마음먹었어.

스팔란차니는 실험을 했어. 목이 좁은 둥근 플라스크를 여러 개 준비해서 깨끗이 씻은 다음 플라스크 안에 여러 가지 씨앗을 넣었지. 그리고 모든 플라스크에 깨끗한 물을 부었어. 여기까지는 다른 과학자들과 같았어. 다른 과학자들은 플라스크를 코르크 마개로 막은 다음 뜨거운 물속에 집어넣고 펄펄 끓였단다. 그렇지만 스팔란차니는 코르크 마개와 플라스크 사이의 작은 틈으로 아주 작은 동물들이 드나들 수 있을

코르크 마개로만 막은 플라스크

밀봉하여 몇 분만 끓인 플라스크

밀봉하여 한 시간 끓인 플라스크

지도 모른다고 생각했어. 그래서 틈이 생기지 않도록 플라스크의 주둥이를 불에 녹여서 꼭꼭 막아 밀봉했지. 물론 실험의 비교를 위해서 코르크 마개로만 막은 플라스크도 준비했어.

스팔란차니는 어떤 플라스크는 몇 분만 끓였고, 또 어떤 플라스크는 한 시간 내내 끓였어. 그런 다음 며칠 동안 플라스크를 지켜보았지. 그 안에서 작은 동물들이 생겨나는지 아닌지를 관찰하면서 말이야.

결과는 어땠을까? 코르크 마개로만 막은 플라스크는 몇 분을 끓였든, 한 시간을 끓였든 상관없이 온갖 종류의 작은 동물들이 셀 수도 없을 만큼 많이 생겼어. 밀봉하여 몇 분만 끓인 플라스크에서도 많이는 아니지만 작은 동물들이 있었어. 그런데 밀봉하여 한 시간 동안 끓인 플라스크에서는 아무것도 보이지 않았단다.

코르크 마개로만 막은 플라스크 안에 있던 작은 동물들은 공기 중에서 플라스크 안으로 들어간 것들이야. 밀봉했지만 몇 분만 끓인 플라스크 안에 있던 작은 동물들은 충분히 끓이지 않았기 때문에 살아남은 것들이고. 밀봉하여 한 시간 동안 끓인 플라스크에서는 작은 동물들이 열을 이기지 못하고 모두 죽어 버렸기 때문에 아무것도 보이지 않았던 거란다. 이로써 생명체가 자연적으로 생겨난다는 주장은 틀린 것으로 밝혀졌어.

3. 파스퇴르 연구소

높다랗게 솟아 있는 건물들이 눈에 들어왔다. 베르나르 영감과 루이는 기차에서 마차로 갈아탄 지 20여 분 만에 회색 지붕을 이고 있는 거대한 붉은 벽돌 건물 앞에 도착했다.

베르나르 영감이 루이에게 말했다.

"연구소를 둘러보는 일이 먼저라고 생각했기 때문에 집에 들르지 않고 곧장 이리로 온 거란다. 그러니까 얌전히 잘 따라오거라."

'집? 파리에 우리 집이 있었나?'

루이는 고개를 갸웃거리면서 베르나르 영감의 뒤를 따라갔다.

뒤세 박사는 소장실에서 베르나르 영감을 기다리고 있었다.

"먼 길 오시느라 힘드셨지요? 잠깐 차라도 드시면서 쉬시겠습니까?"

"아니요."

"그렇다면 메두사가 사라진 현장을 보고 싶으시겠군요."

뒤세 박사가 책상 뒤로 돌아가더니 책장에서 책 한 권을 뽑아냈다. 그리고 한 손으로 무엇을 만지는 것 같더니 이내 책장이 빙글 돌면서 아래로 나 있는 계단이 나타났다.

"이쪽으로 오시지요. 하필이면 소장님이 안 계실 때 이런 일이 일어나서 제가 몹시 곤란하답니다."

뒤세 박사가 앞장을 섰다. 계단 끝에는 단단해 보이는 은색 문이 있었다. 뒤세 박사가 오른손 바닥을 문에 가져다 대자 딩동 소리가 나면서 문이 열렸다.

안으로 들어가 보니 그곳은 미생물을 기르는 하나의 커다란 배양기였다. 투명한 유리로 벽을 세워 여러 개의 공간으로 나눠 놓았는데, 그 모습이 마치 벌집을 보는 듯했다. 각각의 공간에는 역시 유리로 만든 작은 탁자가 있었고, 그 위에는 무언가가 들어 있는 플라스크와 실험 도구들이 놓여 있었다.

베르나르 영감이 루이에게 귓속말을 했다.

"잘 보거라. 저기 있는 것들이 다 세균이야."

"나쁜 병을 옮기는 세균들을 왜 길러요, 할아버지?"

"모든 세균이 다 나쁜 것은 아니기 때문이지. 사람들은 대개 세균이 질병을 일으키는 나쁜 것이라고 생각하지만, 나쁜 세균보다는 사람들에게 도움을 주는 좋은 세균이 훨씬 많단다."

"예에? 설마요."

"믿기 어렵겠지만 사실이야. 죽은 생물을 분해하여 지구의 생태계 균형에 중요한 역할을 하는 것도 세균이고, 식물들이 잘 자랄 수 있도록 도와주는 세균도 있지. 식품을 생산할 때 없어서는 안 되는 꼭 필요한 세균도 있는걸. 그뿐인 줄 아니? 항생제나 비타민 등을 합성하는 세균도 있고, 생명체가 살아가는 데 꼭 필요한 산소를 만드는 세균도 있단다. 그러니까 지금부터는 세균이 나쁘다는 선입견을 버리려무나."

"그럼 여긴 착한 세균들을 기르는 곳이에요?"

"사람들에게 이로운 착한 세균도 있겠지만, 메두사같이 위험한 세균도 있지 않겠니? 사람들에게 쓸모 있는 세균을 찾아내고, 병을 주는 세균을 물리칠 방법을 찾는 것이 파스퇴르 연구소에서 하는 일일 테니."

이윽고 앞서 걷던 뒤세 박사가 걸음을 멈추었다.

"여깁니다."

유리 탁자 하나만 덩그러니 놓여 있는 유리방이 세 사람을 맞이했다.

베르나르 영감은 가방에서 흰 장갑을 꺼내 손에 꼈다. 그리고 유리 벽을 손바닥으로 살살 쓸었다. 손바닥을 확인한 다음 장갑을 벗어 작은 주머니에 넣은 베르나르 영감은 새 장갑을 끼고 뮈세 박사에게 물었다.

"문은 어떻게 열지요?"

"보통 때에는 그냥 유리 벽입니다만, 지문 감지기가 심어져 있습니다. 그래서 입력되어 있는 지문 가운데 하나가 감지되면 문은 저절로 열립니다. 그렇지만 이번 사건으로 그만 망가지고 말았습니다."

그렇게 말하며 뮈세 박사는 유리 벽의 한쪽을 옆으로 밀었다. 그러자 사람이 드나들 수 있을 만큼의 틈이 생겼다.

"바로 여기에 메두사가 있었단 말이지……."

유리문 안으로 들어가며 베르나르 영감이 혼자 중얼거렸다. 루이는 한 걸음 뒤에서 베르나르 영감을 따랐다.

유리문을 보니 군데군데 긁힌 자국이 있었다. 뾰족한 물건으로 내리찍은 것 같은 자국도 있었다. 그리고 바닥에는 깨진 작은 단추 하나와 불그스름한 흙이 떨어져 있었다.

"할아버지, 이것 좀 보세요."

장갑 낀 손으로 유리 탁자를 훔치던 베르나르 영감이 장갑을 벗으며 루이를 돌아보았다. 그러고는 새로운 주머니에 벗은 장갑을 집어넣고 나서 단추와 흙이 있는 곳에 쪼그리고 앉았다.

"단추와 흙이라……."

베르나르 영감은 단추와 흙도 각각 주머니에 담았다. 그런 뒤에 다시 한 번 찬찬히 주위를 살피더니 더 볼 것이 없다는 듯이 말했다.

"오늘은 이쯤 하지요."

세 사람은 왔던 길을 거슬러 연구소장실로 돌아왔다.

뮈세 박사가 물었다.

"묵으실 곳은 있으신지요? 제가 소개해 드릴 수도 있는데."

"아닙니다. 제 집으로 가면 됩니다."

"아! 예전에 파리에서 사셨던 걸 제가 깜빡했군요."

"그보다도, 지하에 있는 유리 벽은 누가 만들었습니까?"

"제롬 들랑이라는 유리 기술자가 만들었습니다. 필요하시면 주소를 알려 드릴까요?"

뮈세 박사는 유리 기술자의 주소를 적어 베르나르 영감에게 건넸다.

"그런데 연구소장께선 어디 멀리 가셨습니까?"

"메두사가 사라지기 전날 미국으로 출발하셨습니다. 그곳에서 미생물학자들 모임이 있거든요. 곧장 연락을 띄우기는 했지만, 금세 돌아오시기는 좀 어려울 겁니다."

베르나르 영감과 루이는 뮈세 박사의 배웅을 받으며 파스퇴르 연구소를 나왔다.

루이가 베르나르 영감을 쳐다보며 물었다.

"이제 어디로 가요, 할아버지?"

"집으로 가야지."

베르나르 영감은 지나가는 마차를 불러 세웠다. 그리고 루이를 돌아보며 손짓을 했다. 루이는 달려가 마차에 올랐다. 베르나르 영감은 마차꾼에게 가야 할 곳을 일러 주고 나서 루이 맞은편에 앉았다.

"궁금하냐? 네 얼굴에 다 쓰여 있구나."

"뮈세 박사가 할아버지를 찾아온 걸 보면, 예전에 할아버지는 굉장히 중요한 일을 하셨던 것 같아요."

루이는 내내 궁금해하던 것을 드디어 입 밖으로 내놓았다.

"별로 대단한 일을 했던 건 아니야. 남들이 어려워하던 일을 몇 가지 해결했던 것뿐이란다. 내가 젊었을 때 탐정 노릇을 좀 했거든."

루이는 그 말을 듣고 깜짝 놀랐다.

"그런데 왜 한 번도 그런 얘길 안 해 주셨어요?"

"그럴 필요가 없었기 때문이지. 늘그막에 이런 일을 맡게 될 줄은 나도 미처 몰랐단다."

베르나르 영감이 루이를 바라보며 빙그레 웃었다.

"그런데요, 세균은 파스퇴르 연구소 같은 곳에서만 살아요?"

"그렇지 않아. 세균은 우리가 생각할 수 있는 거의 모든 곳에서 산단다. 공기나 흙, 물은 말할 것도 없고, 동물과 식물에도 세균이 살지. 그뿐만 아니라 남극과 북극의 얼음, 뜨거운 온천, 높은 산꼭대기, 물이 누르는 힘이 무척 센 깊은 바닷속에서도 세균이 산단다. 눈에 보이지는 않지만, 이 마차 안에도 아주 많은 세균들이 있을걸."

"아까 할아버지가 사람들에게 이로운 세균이 많다고 하셨지만, 아주 많은 세균이 이 마차 안에 있다고 하니까 왠지 기분이 안 좋아요."

"조금만 참으렴. 거의 다 왔다."

베르나르 영감이 껄껄 웃으며 말했다. 그렇지만 찌푸린 루이의 얼굴은 여전히 펴지지 않았다.

세균의 요모조모

세균은 몸이 세포 한 개로 되어 있는 단순한 생물이야. 세균의 크기는 0.2㎛(마이크로미터)에서 80㎛ 정도로 다양한 편이야. 또 세균은 투명하고 색깔이 없기 때문에 현미경으로 관찰을 하려면 먼저 특별한 약품으로 염색을 해야 해.

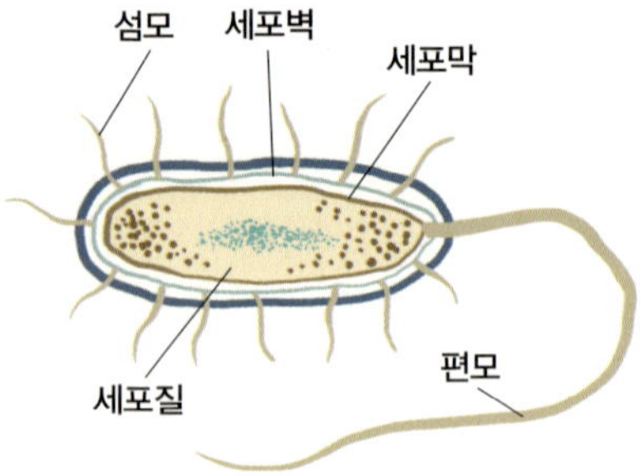

세균의 구조

세균은 흔히 생김새에 따라서 이름을 붙여 주곤 해. 막대기처럼 생겼으면 간균, 공처럼 둥글게 생겼으면 구균, 구불구불한 선처럼 생겼으면 나선균으로 부르지. 간균 가운데에서도 혼자 있으면 단간균, 사슬처럼 이어져 있으면 연쇄상 간균이라고 해. 마찬가지로 구균도 혼자 있으면 단구균, 둘이 붙어 있으면 쌍구균, 사슬처럼 이어져 있으면 연쇄상 구균, 여럿이 모여 덩어리를 이루면 포도상 구균이라고 부른단다.

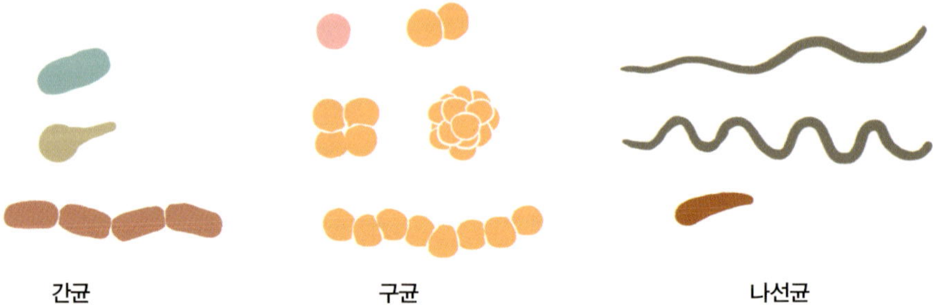

할아버지 세균, 고세균

'고세균'은 아주 뜨거운 곳이나 차가운 곳, 염분 농도가 높은 곳 등 자연계의 극한 환경에서 살아가는 미생물을 말해. '아케아' 또는 '시원 세균'이라고도 하지.

고세균과 세균은 생김새가 서로 닮았어. 그렇지만 고세균과 세균은 성질이 전혀 달라. 아까도 얘기했지만 고세균은 대개 세균이 살지 못하는 극한의 환경에서 살거든.

시간을 거꾸로 돌려서 지금이 10억 년 전이라고 생각해 봐. 지구 환경이 지금이랑 아주 많이 다를 거야. 온도와 압력은 너무 높고, 공기 속에는 산소가 너무 적고, 생물이 자라는 데 필요한 영양분도 거의 없어서 생명체가 살아가기 힘든 환경일 거야. 그런데 그런 환경에서 살아남은 미생물이 고세균이야. 그래서 과학자들은 고세균이 지구에 가장 먼저 나타난 생명체라고 여긴단다.

지금도 고세균은 압력이 매우 높고 산소가 없는, 아주 깊은 땅속이나 바닷속에서 살고 있어. 또 염전처럼 소금기가 매우 많은 곳에서도 살고, 사막처럼 몹시 건조한 곳이나 온도가 아주 높은 화산에서도 살지.

사람에게 해를 주는 고세균은 거의 없어. 오히려 생명 과학이나 환경 과학 등에서 쓰이고 있지. 어떤 고세균은 오염된 물을 깨끗이 정화시키는 아주 중요한 일을 하기도 해. 그렇지만 고세균에 대해서 알려진 것은 아주 조금뿐이야. 아직은 풀어야 할 비밀이 훨씬 많단다.

찾아라, 미생물 사냥꾼!

루이 파스퇴르

Louis Pasteur (1822~1895)

파스퇴르는 프랑스의 미생물학자야.

1860년대 무렵, 포도주를 만들어 파는 일은 프랑스에서 가장 중요한 산업이었어. 그런데 포도주가 자꾸 상하는 일이 일어났지. 파스퇴르는 연구와 실험을 되풀이한 끝에 포도주가 세균 때문에 상한다는 걸 알아냈어. 58℃ 정도에서 포도주를 끓이면 포도주 맛을 지키면서도 세균들을 없앨 수 있다는 것도 알아냈지. 이 방법을 '저온 살균법'이라고 해. 저온 살균법은 지금도 널리 쓰이고 있단다.

당시 사람들은 생물이 무생물에서 저절로 생겨난다고 믿었어. 앞에서도 나왔지만 이런 생각을 자연발생설이라고 하지. 이 생각이 틀렸다는 것을 증명한 과학자가 있었지만, 사람들의 생각은 달라지지 않았단다. 아무것도 없던 플라스크 안에서 미생물이 자라는 모습이 바로 자연발생설의 증거라고 여긴 거야. 사람들은 질병까지도 몸속에서 저절로 생겨난다고 믿었어. 그렇지만 파스퇴르는 공기 속에 있던 미생물이 플라스크 안으로 들어가서 자라는 거라고 믿었어. 또 사람 주위에 있던 세균이 사람 몸속으로 들어가서 질병을 일으킨다고도 생각했지.

파스퇴르는 자연 발생설이 틀렸다는 것을 증명하기 위해서 실험을 했단다. 목 부

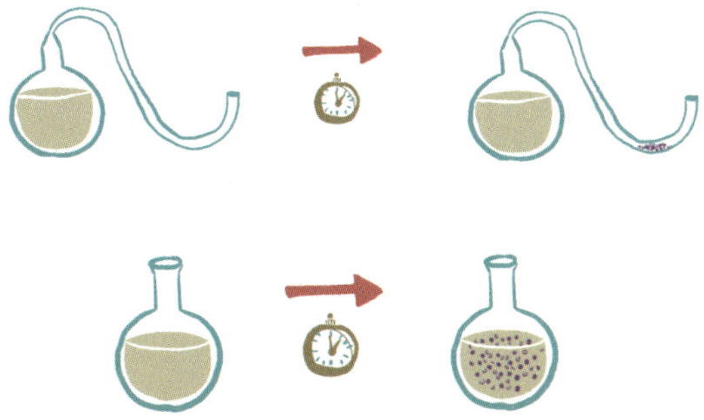

파스퇴르의 백조목 플라스크 실험

분이 백조의 목처럼 S 자로 구부러져 있는 백조목 플라스크로 실험을 했어.

먼저 깨끗하게 씻어 말린 백조목 플라스크에 끓인 효모 국물을 담았어. 끓였으니까 효모 국물 속에는 미생물이 하나도 남아 있지 않아. 백조목 플라스크를 공기 중에 그대로 놓아두어도 공기 속의 미생물은 S 자로 구부러진 목 부분에 모두 모이고, 플라스크 안으로는 들어가지 못하지. 그런 다음 플라스크를 따뜻한 곳에 두었어. 따뜻한 곳에서는 미생물이 잘 자라거든. 그렇지만 며칠이 지나도 플라스크 안에는 미생물이 나타나지 않았어.

이번에는 공기가 잘 드나들 수 있도록 백조목 플라스크의 목을 잘라서 일자 목으로 만들었어. 그랬더니 플라스크 안에서 미생물이 자라기 시작한 거야. 이로써 미생물은 저절로 생기는 것이 아니라 공기 속에 있다가 플라스크 안으로 들어간다는 것이 밝혀졌어. 자연 발생설이 틀린 것이지.

홍역이나 수두 등을 앓은 사람이 같은 병에 또 걸리지 않는다는 것은 알고 있지? 그건 면역이 생겼기 때문이야. 면역은 그 병원균과 싸워서 이기는 힘을 말해. 파스퇴르는 면역으로 질병을 막을 수 있지 않을까 생각하고 또 오랫동안 연구와 실험을 거듭했어. 그리고 파스퇴르는 마침내 광견병 백신을 만들어 냈어. 동물에게 물려서 죽어 가는 수많은 사람들을 살려 낼 수 있게 된 거지.

4. 새로 만난 친구

베르나르 영감은 '우리 집'이라는 표현을 썼지만, 루이는 좀처럼 그런 느낌이 나지 않았다. 잠자리에 들어서도 쉽게 잠이 오지 않았다. 그래서 하루 동안 있었던 일들을 하나하나 떠올려 보았다. 그러다가 응접실 테이블에 놓여 있던 그림에 생각이 미쳤다. 젊은 부부가 갓난아이를 안고 있는 그림이었다.

"네가 첫돌을 맞았을 때 그린 거란다. 네가 자꾸 칭얼거려서 화가가 고생깨나 했다고 하더구나."

루이가 그림을 들여다보고 있을 때, 어느 틈에 다가온 베르나르 영감이 등 뒤에서 말했다. 처음 보는 부모님 얼굴. 나한테도 엄마 아빠가

있긴 있었구나, 라는 생각에 루이는 잠깐 가슴이 먹먹해졌다.

'엄마 아빠가 아직 살아 계셨더라면 어땠을까?'

그런 생각을 하며 밤새 뒤척이다가 루이는 새벽녘에야 겨우 잠이 들었다. 눈을 떠 보니 해는 하늘 높이 솟아 있었고, 베르나르 영감은 벌써 집을 나간 뒤였다. 식탁 위에는 아침밥과 함께 나갔다 오겠다는 쪽지가 놓여 있었다. 그리고 쪽지에는 이런 말도 있었다.

혼자 있기 심심하면 수수께끼라도 풀어 보렴.
'살아 있는 죽은 것, 죽어 있는 산 것'

루이는 밥을 먹는 둥 마는 둥 하고 마당으로 나갔다. 오랫동안 비워 두었던 집인데도 집 안뿐만 아니라 마당까지도 손질이 잘 되어 있었다. 누군가 집을 돌봐 준 모양이었다. 루이는 나무에 매달려 있는 그네에 올라앉아서 베르나르 영감이 써 놓고 간 쪽지를 보고 있었다.

그때였다. 어디선가 "콜록콜록 에취!" 하는 소리가 연달아 들리더니 하얀 담요를 온몸에 뒤집어쓴 소년이 한 명 나타났다. 그 소년은 루이에게 아는 척을 했다.

"안녕! 네가 루이구나!"

"나를 아니?"

깜짝 놀란 루이가 토끼 눈이 되어 물었다.

"아침에 베르나르 할아버지가 우리 집에 다녀가셨어. 우리 아빠 말씀이 예전에 사이좋은 이웃이었대. 베르나르 할아버지 부탁으로 너희 집을 관리해 온 것도 우리 아빤걸."

"그렇구나. 난 몰랐어."

"내 이름은 레오야. 만나서 반가워."

레오가 담요 사이로 손을 내밀었다. 그러다가 문득 생각이 난 듯 다시 손을 거둬들였다.

"아차, 깜빡했네. 처음 만난 너한테 바이러스를 옮길 수는 없지."

"바이러스?"

"응. 지금 내 몸엔 바이러스가 우글우글하거든."

무슨 말인지 모르겠다는 루이를 향해서 레오가 싱긋 웃으며 말을 덧붙였다.

"감기에 걸렸다는 말이야. 그런데 그게 뭐야?"

레오가 루이 손에 있는 쪽지를 가리켰다.

"으응, 할아버지가 나가시면서 나 보라고 써 놓으신 쪽지. 내가 심심할까 봐

수수께끼까지 내셨어. 볼래?"

루이가 레오에게 쪽지를 건넸다. 레오는 잠깐 쪽지를 들여다보더니 루이를 보며 말했다.

"나 이거 뭔지 알 것 같아."

"헉! 정말? 뭔데?"

레오가 답을 말하려고 막 입을 여는 순간에 레오를 찾는 소리가 들려왔다.

"레오, 레오! 어딨니? 밖에서 돌아다니면 안 돼!"

레오가 고갯짓으로 이웃집을 가리키며 말했다.

"우리 엄마야. 나를 아직 어린애 취급하신단 말이야. 엄마가 더 야단하시기 전에 얼른 들어가야겠다. 너도 같이 갈래?"

혼자 있기 심심했던 루이는 레오를 따라가기로 했다. 레오를 따라서 집 안으로 들어가니 젊은 부인이 눈을 동그랗게 뜨고 서 있었다. 금방이라도 레오를 야단칠 기세였다. 그렇지만 레오는 약삭빠르게 루이를 앞으로 내세웠다.

“엄마, 얘가 루이래요. 마당에서 만났어요.”

“안녕하세요.”

루이가 인사를 했다.

“어머나, 그러니? 아기 때는 자주 봤는데. 정말 반갑구나.”

레오의 엄마가 루이의 두 손을 덥석 잡으며 말했다.

“레오, 루이한테 감기 옮기지 않도록 조심하고, 사이좋게 잘 놀아라.”

레오는 루이를 자기 방으로 데리고 갔다. 2층에 있는 레오의 방은 아무렇게나 벗어 놓은 옷가지와 양말, 이리저리 뒹굴고 있는 책들로 엉망이었다. 레오의 방을 본 루이는 놀란 입을 다물지 못했다. 레오가 씩 웃으면서 말했다.

“사나이 방이라면 이 정도는 돼야 하지 않겠어?”

레오는 뒤죽박죽 어질러진 책상 위에서 하얀 마스크를 찾아 쓰더니 손짓을 해서 루이를 불렀다.

“베르나르 할아버지 말씀이, 요즘 너도 미생물에 대해서 공부하고 있다며?”

“제대로 배운 적은 없어. 난 학교도 안 가거든. 그냥 할아버지 연구하시는 걸 보고서 조금씩 아는 것뿐이야.”

“뭐? 학교를 안 다닌다고? 나 같으면 어림없는 일인걸. 우리 엄만 학교에 안 가면 큰일 나는 줄 알아. 방학만 아니었으면 지금도 학교에 있을 거야. 아파도 학교 가서 아파야 한다는 게 엄마 생각이거든.”

“할아버진 학교가 싫으시대. 쓸데없는 것만 아이들 머릿속에 잔뜩 집어넣는다고. 그렇지만 난 학교 가면 재미있을 것 같아. 친구도 많고.”

"기운 내. 이젠 친구가 생겼잖아."

레오가 손으로 자기 가슴을 두드리면서 말했다. 그런 레오를 보면서 루이는 빙그레 웃었다.

레오는 둘 사이에 두툼한 책을 한 권 펼쳐 놓았다.

"아까 얘기한 바이러스 설명이 여기 있어. 바이러스는 세균보다도 더 작은 미생물인데, 동물이나 식물 같은 다른 생명체의 살아 있는 세포 속에 들어가서 살아. 혼자서는 살아갈 능력이 안 되기 때문에 다른 세포의 힘을 빌어서 사는 거야. 대개 사람들 몸속에 들어가서 질병에 걸리게 하는 나쁜 녀석이야."

"살아 있는 세포 속에 들어가서 그 세포를 자기 집으로 쓰는 거구나. 그럼 그 세포는 어떻게 되는데?"

"바이러스가 살 수 있는 터전을 만들어 주다가 결국에는 터져서 죽어 버리고 말아."

"가엾다."

"그래? 난 이 바이러스라는 녀석이 참 신기한데. 보통 때에는 소금이나 설탕처럼 딱딱한 결정 형태로 지내는데, 그때는 숨도 안 쉬고 먹지도 않고, 자손을 늘리는 일도 하지 않아. 책이나 컵, 옷처럼 생명이 없는 그냥 물건 같은 것에 불과하지. 그러다가 마음에 드는 세포를 발견하면 그 세포 속으로 들어가서 비로소 숨도 쉬고, 활동하고, 자식도 만들어. 굉장하지 않니?"

"그러니까 네 말은, 적당한 세포를 찾아내지 못한 바이러스는 생명이 없지만, 세포 속으로 들어간 바이러스는 생명이 있다는 뜻이지?"

“바로 맞혔어. 수수께끼에서, ‘살아 있는 죽은 것’은 세포 속에 들어가면 생명 활동을 하지만, 그런 세포가 없을 때에는 결정 상태가 되어 생명이 없는 것이 될 수도 있는 바이러스의 특성을 말하는 것 같아. ‘죽어 있는 산 것’은 그 반대 경우를 뜻하고. 그러니까 수수께끼의 답은 바이러스인 거지.”

“너, 굉장하다! 그걸 다 어떻게 알았어?”

루이가 감탄해서 물었다.

“책에서 봤어. 난 이담에 미생물 박사가 될 생각이거든. 그래서 책을 좀 많이 보는 편이야. 이따금 아빠가 가르쳐 주실 때도 있고. 우리 아빤 파스퇴르 연구소에서 일하셔.”

"넌 벌써 박사 같아."

"사실 학교에서 내 별명이 박사이기도 해."

레오가 멋쩍게 웃었다.

"네 덕에 수수께끼를 쉽게 풀었어. 고마워."

레오가 온몸을 부르르 떨면서 또 콜록콜록 기침을 했다. 담요를 끌어다가 뒤집어쓰는 레오를 보면서 루이는 자리에서 일어섰다.

"너랑 같이 있으니까 난 좋지만 넌 아무래도 좀 쉬어야겠다. 감기 바이러스한테 네 세포들이 모두 당하면 안 되잖아."

"그래, 내일 또 보자. 내일은 바이러스들이 내 몸에서 쫓겨나고 없을 거야."

루이는 레오에게 인사를 하고서 집으로 돌아왔다. 그리고 얼마 지나지 않아 베르나르 영감도 돌아왔다. 오래 걷기라도 한 것처럼, 영감은 의자에 앉아서 한참 동안 다리를 주물러 댔다.

"어디 갔다 오셨어요, 할아버지?"

"알아볼 게 있어서 여기저기 좀 다녔단다. 넌 혼자서 뭐 했니? 수수께끼는 풀었니?"

"답은 바이러스죠?"

"어떻게 알았니? 맞히기 쉽지 않았을 텐데."

"사실은 레오가 가르쳐 줬어요."

"벌써 레오를 만났니?"

"예, 좋은 아이 같았어요. 같이 있으면 재미있고요."

"네 아빠랑 레오 아빠도 사이가 무척 좋았지. 학교 다닐 때부터 붙어

다니더니 결국은 연구소까지 같이 가더구나."

베르나르 영감에게서 뜻밖의 소리를 들은 루이는 깜짝 놀랐다.

"아빠가 연구소에 있었다고요?"

"네 아빤 파스퇴르 박사처럼 사람들을 질병에서 구하는 사람이 되고 싶어 했단다. 그래서 파스퇴르 연구소에 들어가게 되었을 때 무척 기뻐했지. 그곳에서 네 엄마를 만났고, 결혼을 해서 널 낳았단다. 네 부모는 말하자면 같은 생각과 목표를 가진 사람들이었어. 집인지 연구실인지 구분이 안 갈 정도로 어디에서나 미생물에 매달리곤 했지. 그런데 사고가 생긴 거야. 뮈세 박사가 찾는다는 연락을 받고 밤늦게 나가다가 마차가 뒤집어지고 말았단다."

베르나르 영감은 말을 멈췄다. 루이는 침을 꼴깍 삼켰다. 베르나르

영감과 뮈세 박사 사이가 껄끄러워 보이던 이유를 조금은 알 수 있을 것 같았다.

"난 널 네 부모처럼 만들고 싶지 않았단다, 루이야. 그래서 널 파리에 두고 싶지도 않았고, 학교에 보내고 싶지도 않았다."

그때였다. 쨍그랑! 창문이 깨지는 소리와 함께 무언가가 집 안으로 날아 들어왔다. 돌멩이였다. 그런데 그냥 돌멩이가 아니라 흰 종이로 감싸인 돌멩이였다.

"만지지 마라."

루이가 바닥에 떨어진 돌멩이를 주워 올리려는데 베르나르 영감이 말렸다. 영감은 돌멩이를 집어 들더니 조심조심 종이를 풀었다. 메두사 머리가 그려진 종이에는 딱 한 문장만 적혀 있을 뿐이었다.

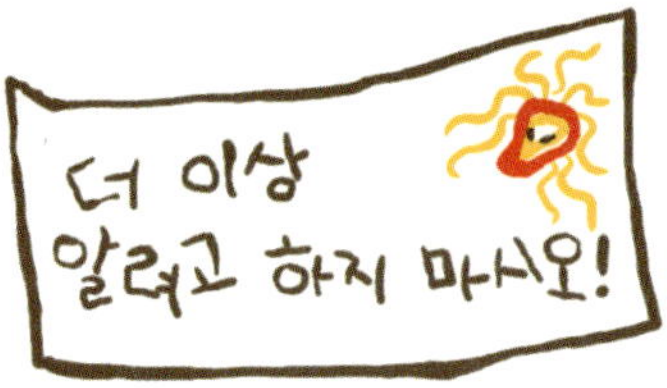

베르나르 영감이 집 밖을 살폈다. 그렇지만 돌멩이를 던진 사람이 그 자리에 가만히 서 있을 리는 없었다.

"누군가 우리를 반갑지 않게 여기는 사람이 있는 것 같구나. 앞으론 많이 조심해야겠다."

베르나르 영감이 문을 닫아걸며 말했다. 깨진 창문으로 바람이 불어 들어왔다. 여름이었지만, 루이는 온몸에 으스스 소름이 돋았다.

작고 작은 바이러스

'바이러스'라는 말은 '독'이라는 뜻의 라틴어에서 왔어. 1892년에 러시아의 과학자인 이바노프스키가 담배 모자이크병의 원인을 연구하다가 처음 발견했다고 해.

그 무렵 사람들은 담배 모자이크병이 세균 때문에 생긴다고 생각했어. 그러니까 세균을 걸러 주는 기계로 병에 걸린 담뱃잎의 즙을 걸러 내면, 그 걸러 낸 즙은 병을 옮기지 않아야 할 거야. 세균이 없을 테니까 말이야. 그런데 이바노프스키가 실험을 해 보니 세균을 걸러 낸 담뱃잎 즙도 건강한 담배들에게 병을 옮겼어. 그래서 사람들은 세균보다도 더 작은 미생물이 있다고 생각하게 되었지.

바이러스는 세균 크기의 100분의 1밖에 안 될 정도로 아주아주 작아. 그래서 전자 현미경으로만 볼 수 있단다. 전자 현미경은 1931년에 만들어졌고, 바이러스의 모습은 1938년에야 확인되었어.

보통 때의 바이러스는 설탕이나 소금 같은 결정 덩어리야. 그런데 자기가 들어가서 살기에 알맞은 세포를 발견하면 그 세포 속으로 들어가서 비로소 살아 움직이기 시작해. 바이러스가 들어가서 사는 세포를 숙주 세포라고 하는데, 바이러스는 반드시 살아 있는 세포만을 선택한단다. 살아 있는 숙주 세포를 자기 몸처럼, 또는 자기 집처럼 사용하면서 힘을 키우고 자식을 만들어 주위의 다른 세포들까지 점점 점령해 가는 거야. 바이러스 때문에 병에 걸렸을 때, 제때 치료하지 않으면 우리 몸의 다른 곳까지 병이 퍼져 나가는 것은 바로 그 때문이야.

그런데 바이러스는 모습을 제 맘대로 바꿀 수가 있어. 그래서 바이러스를 죽이는 약을 만들어 내기가 여간 어려운 게 아니야. 약을 만들었다 싶으면 바이러스가 다른

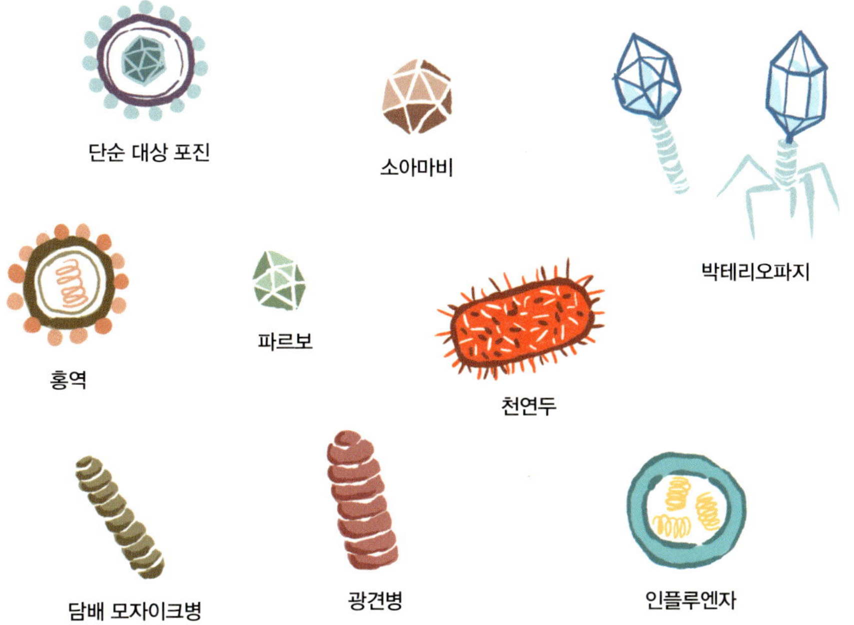

여러 가지 모양의 바이러스

모습으로 바뀌어서 그 약이 쓸모없어지고 말거든. 그렇기 때문에 바이러스가 일으키는 가장 흔한 질병인 감기조차 완전히 낫게 할 수 있는 약은 없단다. 우리가 먹는 감기약은 바이러스를 죽이는 약이 아니라 감기 증상을 좀 약하게 하는 약이라고 할 수 있지.

바이러스는 왜 사람들 곁으로 왔을까?

왜 무서운 바이러스가 나타나서 사람들을 괴롭히느냐고 생각하는 친구도 있을 거야. 그렇지만 사실은 바이러스가 사람들에게 온 것이 아니라 사람들이 환경을 파괴하면서 바이러스가 사는 곳을 침입한 거란다.

바이러스는 원래 열대 지방의 숲에서 사는 원숭이나 쥐, 박쥐 등의 몸속에서 살고 있었어. 깊고 깊은 숲속에 꽁꽁 숨어 있었기 때문에 아무도 알지 못했지. 그런데 사람들이 나무를 베어 내어 숲을 없애 버렸기 때문에 바이러스가 사람들 곁으로 오게 된 거란다. 그렇게 세상에 알려져서 많은 사람들의 목숨을 앗아 간 바이러스가 바로 나쁜 바이러스의 대명사처럼 알려져 있는 HIV(인간 면역 결핍 바이러스=에이즈 바이러스)와 에볼라 바이러스야. 그리고 중국 우한에서 발생한 코로나바이러스감염증(COVID-19)도 순식간에 세계적으로 퍼져 많은 사람들의 목숨을 앗아 갔지.

요즘은 어느 한 곳에서 바이러스가 나타나기 시작하면 곧 전 세계로 퍼져 나간단다. 교통수단이 발달했기 때문이야. 예전에는 사람들이 걸을 수 있는 거리만큼만 질병이 퍼졌지만, 지금은 비행기가 질병을 여러 나라로 실어 나른다고도 할 수 있지. 또한 요즘은 자기 나라에서 생산된 식품만 먹는 것이 아니라 다른 나라의 식품을 쉽게 수입해서 먹으니까 그만큼 바이러스도 세계 곳곳으로 쉽게 퍼질 수 있는 거야. 바이러스를 이기기 위해서 전 세계가 다 함께 힘을 모아야 하는 까닭이 바로 여기에 있단다.

바이러스가 몸에 들어온다고 해서 무조건 다 병에 걸리는 건 아니야. 몸이 건강하면 바이러스를 이겨 낼 수 있어. 골고루 잘 먹고, 운동을 해서 튼튼해지고, 피곤하지 않도록 잠도 잘 자고, 몸을 깨끗이 잘 씻는다면 바이러스를 겁내지 않아도 돼.

박테리오파지, 세균을 잡다

세균에 기생해서 살아가는 바이러스를 박테리오파지라고 해. 박테리오파지(bacteriophage)는 '세균(bacteria)을 잡아먹는다(phage)'는 뜻이야.

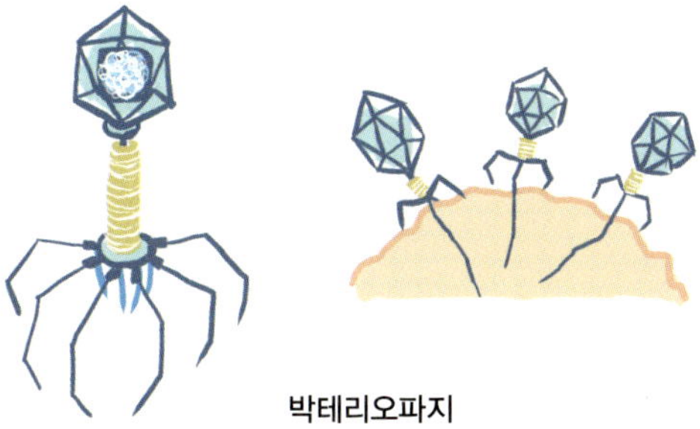
박테리오파지

박테리오파지는 세균 속으로 들어가서 세균의 모든 기능을 멈추게 하고 자기에게 맞도록 바꿔 버려. 그리고 자기와 똑같은 파지를 100~200개 정도 만든 다음에 세균의 껍질을 뚫고 나와서 다른 세균 속으로 또 들어간단다.

과학자들은 박테리오파지를 이용하면 어떤 항생제로도 죽일 수 없는 세균인 슈퍼박테리아를 없앨 수 있을 거라고 생각하고 있어. 만약 그렇게만 된다면 부작용 없이 안전한 치료 방법이 될 거래. 정말 대단하지 않아?

찾아라, 미생물 사냥꾼!

로베르트 코흐

Robert Koch (1843~1910)

로베르트 코흐는 독일 시골 마을의 의사였어. 코흐는 찾아오는 환자가 거의 없어서 하루하루 심심하고 지루한 날들을 보내고 있었지. 그런 코흐를 위해서 아내가 선물을 하나 준비했어. 바로 현미경이었어.

그 무렵 유럽에서는 탄저병이 유행하고 있었어. 탄저병은 한 번 걸리면 양이나 소는 하루나 이틀 만에 죽고, 사람들도 대부분 죽게 될 정도로 매우 위험한 질병이었지. 아내에게 현미경을 선물 받은 코흐는 탄저병에 대해서 연구해 보기로 마음먹었어.

코흐는 탄저병에 걸린 동물의 피를 실험용 쥐에게 주사했어. 쥐는 하루 만에 죽었어. 죽은 쥐의 피 속에는 작은 막대 모양의 물체가 많이 있었어. 그것은 길게 실 모양으로 늘어서기도 했고, 작고 둥근 모양으로 나뉘어 홀씨를 만들기도 했지. 그 막대 모양의 물체가 바로 탄저균이었어.

탄저균은 약하고 잘 죽지만, 탄저균이 만들어 내는 홀씨는 공기나 흙 안에서 오래오래 살아남아. 그러다가 동물의 몸속에 들어가면 다시 탄저균이 되어 탄저병을 일으키지. 탄저균의 홀씨는 병을 옮길 수 있는 대상을 찾았을 때에야 비로소 움직인다는 뜻이야.

탄저균을 발견한 코흐는 아주 유명해졌어. 그리고 탄저병은 뒷날 파스퇴르가 만들어 낸 탄저병 백신으로 예방할 수 있게 되었어.

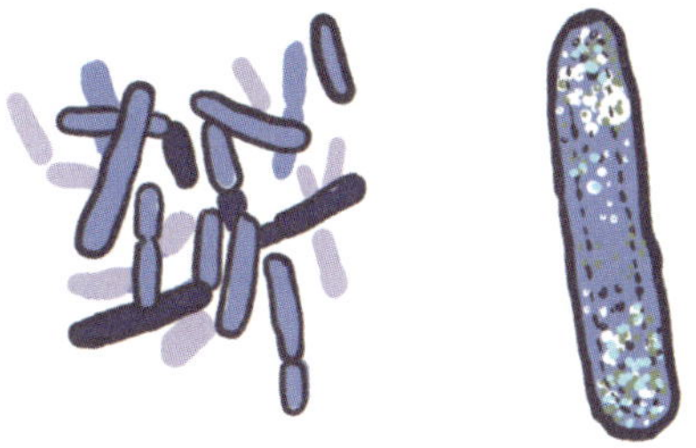
탄저균

요즘은 탄저병에 걸려 죽어 가는 사람들을 거의 볼 수 없지만, 탄저균은 아직도 사람들에게 두려움을 주는 미생물이야. 어떠한 환경에서도 오래 살아남는 홀씨 때문이지. 탄저균의 홀씨를 가진 누군가가 어느 날 갑자기 일부러 홀씨를 세상에 퍼뜨린다고 생각해 봐. 그것은 사람들이 들이마시는 공기와 함께 사람들 몸속으로 들어가겠지? 병을 옮길 수 있는 대상을 찾은 홀씨는 그때부터 탄저균으로 자라게 되고, 결국 사람들을 죽게 만들 거야.

이렇게 사람을 죽이는 도구로 쓰이는 미생물을 생물학 무기라고 해. 실제로 2001년에는 미국 곳곳에 탄저균 홀씨가 들어 있는 소포가 배달되어 사람들을 공포에 떨게 만들었단다.

5. 뜻밖의 편지

"할아버지, 꼭 나가셔야겠어요? 며칠 전에 그런 일까지 있었는데?"

다른 날처럼 어김없이 외출 준비를 하는 베르나르 영감을 따라다니면서 루이가 말했다.

"이번 일은 너무 위험한 것 같아요, 할아버지. 다 그만두고 디에프 마을로 돌아가요, 네?"

"루이야, 세상에 위험하지 않은 일이란 없단다."

베르나르 영감이 하던 일을 멈추고 루이를 내려다보면서 말했다.

"사람들이 위험하다고 시도조차 하지 않았다면, 세상에 '진실'이라는 말은 존재하지도 못했을 거야."

"그러면 정말 조심하셔야 해요! 약속하실 거죠?"

베르나르 영감은 루이에게 고개를 끄덕여 보이고는 현관문을 열었다.

그리고 밖으로 나가는가 싶더니 이내 걸음을 멈추고 루이에게 말했다.

"오늘도 수수께끼를 하나 내 줄까? '오해 속에 핀 꽃'이 뭘까? 한번 풀어 보아라."

루이는 베르나르 영감이 던져 준 수수께끼는 뒤로하고, 부엌으로 가서 식품 저장고를 정리했다. 파리에 온 지 사흘밖에 안 되었지만, 벌써 상한 식품들이 있었기 때문이다. 다행히 감자나 다른 채소들은 아직 먹을 만했지만, 빵에는 곰팡이가 드문드문 피어 있었다. 먹을 수 없는 빵을 골라내고 있는데, 밖에서 우당탕 뭔가가 넘어지는 소리가 났다.

"레오!"

소리가 나는 곳으로 가 보니, 레오가 의자와 함께 바닥에 널브러져 있었다. 그리고 먹음직스러운 버섯들이 레오 주위에 흩어져 있었다.

흩어진 버섯을 바구니에 주워 담는 레오에게 루이가 물었다.

"무슨 일이야?"

"엄마 심부름 왔다가 의자 녀석한테 당했지, 뭐."

"너도 참."

레오가 버섯 바구니를 루이에게 내밀면서 말했다.

"자, 여기 세상에서 가장 맛있는 미생물 납시오."

"에이, 장난치지 마. 버섯이 무슨 미생물이야?"

"장난 아니야. 쉽게 말하면 버섯은 곰팡이의 꽃이야."

"곰팡이의 꽃?"

"그래. 곰팡이의 홀씨가 떨어지면 거기에서 기다란 실처럼 생긴 균사가 나오고, 균사는 주위에 있는 영양분을 모두 빨아들여. 그리고 서너

달쯤 지나면 버섯이 자라기 시작하는 거야."

"곰팡이의 홀씨가 자라서 버섯이 된다고? 신기하네. 모든 곰팡이가 다 버섯이 되는 거야?"

"그렇지는 않아. 곰팡이를 균류라고 하는데, 그중에서도 담자균류라는 곰팡이들만 그래. 이제 이 맛있는 미생물을 받아 줄 거지?"

레오가 루이에게 버섯 바구니를 안겼다.

"고마워. 아주머니께도 고맙다고 전해 줘."

"혼자 뭘 하고 있었니? 문을 두드려도 모르던데."

"식품 저장고를 정리하던 참이야. 빵에 벌써 곰팡이가 피었더라고."

"뭐어? 곰팡이? 어디, 어디야?"

레오가 눈을 반짝이며 물었다.

"예전에 옷장 안에 빵을 넣어 두고서 몰래 곰팡이를 키운 적이 있는데, 엄마한테 들켜서 엄청나게 혼났었어. 곰팡이 홀씨가 날려서 몸에 안 좋다고 어찌나 야단이시던지. 그 뒤로는 곰팡이는 구경도 못 했어. 그런데 지금 너희 집에 곰팡이가 있단 말이지?"

루이는 레오를 데리고 부엌으로 갔다. 레오는 루이가 골라 놓은 곰팡이 핀 빵들을 보면서 환한 표정을 지었다.

"붉은곰팡이네."

"붉은곰팡이?"

"응, 곰팡이 색깔이 불그스름하잖아? 그러니까 붉은곰팡이지."

루이가 말했다.

"이름 한번 참 단순하다. 색깔이 붉다고 붉은곰팡이라니, 너무 시시한걸."

"시시하다니. 이름은 그래 보일지 몰라도 곰팡이는 단순한 생물이 아니야. 오히려 사람들을 얼마나 헷갈리게 했다고."

레오가 머리를 절레절레 흔들면서 말하자 루이의 눈이 동그랗게 커졌다.

"사람들을 어떻게 헷갈리게 했다는 거야?"

"아주 옛날에는 곰팡이를 식물로 생각했대. 식물의 특징인 세포벽이 곰팡이에도 있기 때문이

야. 그런데 곰팡이는 다른 식물들처럼 엽록체를 가진 것도 아니고, 세포벽을 이루는 성분도 식물과는 다르대. 오히려 곰팡이의 유전자는 식물보다 동물과 더 닮았다지 뭐야. 그래서 곰팡이는 식물도 동물도 아닌 미생물로 분류된 거야."

나지막이 이야기하던 레오가 갑자기 목소리를 높였다.

"곰팡이는 유기물을 썩게 해서 자연계를 깨끗이 청소하는 일꾼이기도 해. 그런데도 사람들은, 우리 엄마를 포함해서 말이야, 곰팡이만 보면 없애지 못해서 어쩔 줄을 모르니 곰팡이가 얼마나 섭섭하겠니?"

레오가 마음에 안 든다는 듯 입을 쩝쩝 다셨다.

"곰팡이가 무조건 나쁘다는 건 사람들의 오해라고!"

"레오 넌 곰팡이 변호사 같아. 크크크."

곰팡이를 두둔하는 레오를 보면서 크크 웃던 루이 머릿속에 갑자기 베르나르 영감이 내 준 수수께끼가 떠올랐다.

"맞다, 오해!"

"뭐?"

"할아버지가 또 수수께끼를 내 주셨거든. 오해 속에 핀 꽃!"

"오해 속에 핀 꽃?"

레오가 루이의 말을 따라 했다.

"네 말을 듣고 갑자기 생각난 건데, 수수께끼의 답이 곰팡이나 버섯이 아닐까? 버섯도 곰팡이의 한 가지니까 그냥 답을 곰팡이라고 생각할 수도 있을 테고. 곰팡이가 무조건 나쁘다는 건 사람들의 오해라니 말이야. 네 생각은 어때?"

레오는 얼굴이 밝아지면서 루이의 어깨를 두 손으로 덥석 잡았다.

"너도 곰팡이가 나쁘지 않다는 내 생각에 동의하는 거지?"

루이가 고개를 갸웃거리며 말했다.

"그, 그런 셈인가?"

"난 이제 가 볼게. 우리 엄마가 먼저 찾아 나서기 전에. 참, 곰팡이 핀 빵들은 내가 가져도 되지?"

레오는 곰팡이 핀 빵들을 주섬주섬 챙겨서 돌아갔다.

루이가 집 안 곳곳을 깨끗이 청소하고 식사 준비까지 마쳤지만, 베르나르 영감은 돌아오지 않았다. 어느새 어둑어둑 날이 저물자 루이는 조바심이 났다. 안 좋은 예감이 밀물처럼 밀려들어서 잠시도 가만히 앉아 있을 수가 없었다.

다음 날 새벽녘이 다 되도록 베르나르 영감은 돌아오지 않았다. 걱정으로 밤을 새운 탓에 눈이 퀭해진 루이는 베르나르 영감의 방으로 들어갔다. 베르나르 영감은 사건 현장에서 가져온 단서들을 조사하고, 자료들을 살펴보고, 앞으로 해야 할 일들을 계획하는 것 같은 모든 일들을 자기 방에서 했다. 그래서 루이는 베르나르 영감이 돌아오지 않는 이유에 대해서 뭔가 실마리라도 찾을 수 있지 않을까 생각했던 것이다.

벽에 가지런히 매달린 주홍색 주머니들, 책상 위에 놓여 있는 현미경과 불그스름한 흙이 들어 있는 유리병, 아무렇게나 한 낙서처럼 보이는 종이들이 흩어져 있는 풍경이 루이의 눈에 들어왔다.

"틀림없이 뭔가가 있을 텐데."

루이는 베르나르 영감의 책상을 뒤지면서 중얼거렸다. 그리고 마침내 서랍 안에서 수첩 하나를 찾아냈다. 수첩 안에는 루이에게 보내는 베르나르 영감의 편지가 들어 있었다.

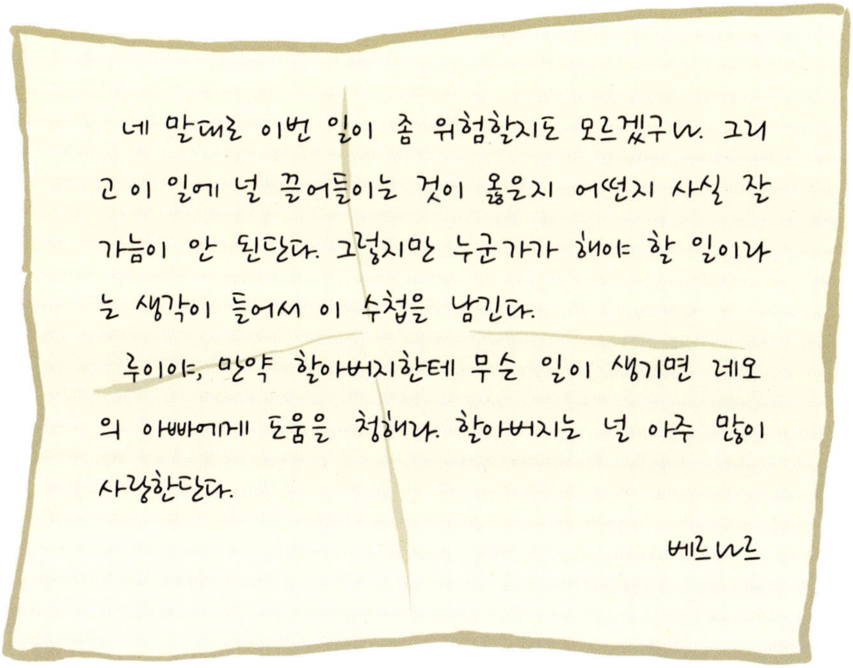

네 말대로 이번 일이 좀 위험할지도 모르겠구나. 그리고 이 일에 널 끌어들이는 것이 옳은지 어떤지 사실 잘 가늠이 안 된단다. 그렇지만 누군가가 해야 할 일이라는 생각이 들어서 이 수첩을 남긴다.

루이야, 만약 할아버지한테 무슨 일이 생기면 레오의 아빠에게 도움을 청해라. 할아버지는 널 아주 많이 사랑한단다.

베르나르

편지를 든 루이의 손이 바들바들 떨렸다.

'할아버지는 대체 어떻게 되신 걸까?'

두 얼굴의 곰팡이

곰팡이는 기다란 실처럼 생긴 균사로 이루어진 미생물이야.

아래 그림은 털곰팡이의 모습이야. 아래쪽에 실처럼 얽혀 있는 것이 균사이고, 위에 동그란 부분이 홀씨주머니지. 곰팡이마다 조금씩 차이는 있지만, 기본적으로는 다 이렇게 생겼어.

털곰팡이

사람들은 음식에 곰팡이가 생기면 곧 버리고, 집 어딘가에 곰팡이가 생기면 곰팡이를 없애려고 애를 써. 곰팡이가 사람들에게 해롭기 때문에 눈에 띄는 대로 없애려고 하는 걸 거야.

실제로 어떤 곰팡이는 독소를 내뿜어서 농작물을 오염시키고, 그 농작물을 먹은 사람이나 동물들은 곰팡이가 내뿜은 독소 때문에 병에 걸리기도 해. 그 독소는 농작물을 가공해도 없어지지 않기 때문이지.

사람들이 곰팡이를 안 좋게 생각하는 까닭은 또 있어. 곰팡이는 그 자체로도 버짐이나 무좀 같은 피부병을 일으킬 뿐만 아니라 면역력이 약해진 사람은 곰팡이 때문에 병이 더 심해져서 죽게 될 수도 있어. 이렇다 보니 사람들이 곰팡이를 좋아할 수 있겠어? 그렇지만 사람들을 이롭게 하는 곰팡이도 많단다.

먼저 메주를 맛 좋게 만들어 주는 곰팡이가 있어. 어른들이 메주를 가리켜 잘 떴다느니, 잘 뜨지 않았

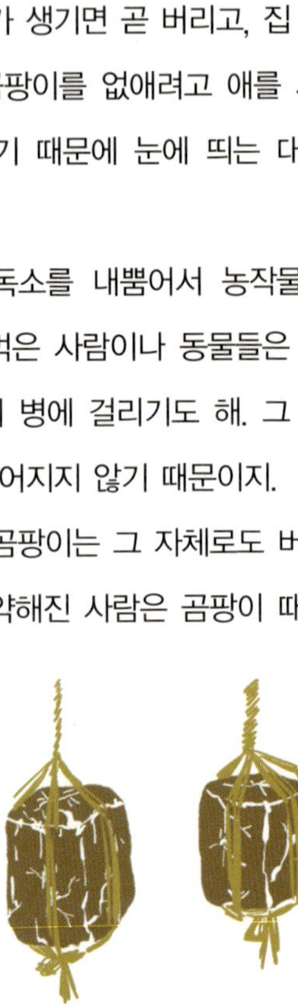
메주

다느니 하고 말하는 것을 들어 본 적이 있니? 여기서 잘 떴다는 건 곰팡이가 잘 피었다는 말이야. 메주에서 자라는 곰팡이는 콩 단백질을 아미노산으로 분해하는 효소를 내보내. 그래서 잘 뜬 메주는 장맛을 좋게 한단다.

또 막걸리나 포도주, 청주 같은 술을 만들어 주는 것도 곰팡이야. 오른쪽 그림은 막걸리를 만들 때 쓰이는 누룩곰팡이의 모습이야.

누룩곰팡이

사람들에게 단백질을 주는 곰팡이도 있어. 단백질은 아미노산으로 되어 있고, 아미노산은 질소와 탄소로 되어 있지. 그런데 몇몇 곰팡이는 질소와 탄소를 먹이로 한단다. 그런 곰팡이들은 바로 단백질 덩어리가 되는 셈이지.

어쩌면 가장 중요하다고도 할 수 있는 곰팡이들이 또 있어. 바로 사람들을 살리는 곰팡이들이야. 최초의 항생제인 페니실린은 푸른곰팡이로 만들고, 동맥 경화, 고지혈증 같은 질병을 치료하는 약도 곰팡이에서 얻는단다. 장기 이식 수술을 할 때는 이식받는 사람의 몸이 새로운 장기를 쉽게 받아들이도록 돕는 약을 쓰는데, 이것 또한 곰팡이로 만들어 내는 거야.

푸른곰팡이

이제 잘 알겠지? 나쁜 곰팡이도 물론 있지만, 좋은 곰팡이들은 우리 생활을 두루두루 이롭게 한다는 걸 말이야.

곰팡이의 친척들

곰팡이의 첫 번째 친척은 바로 버섯이야. 에이, 거짓말 말라고? 믿을 수 없는 일이라며 고개를 가로젓는 친구도 있네. 그렇지만 틀림없는 사실! 곰팡이와 버섯은 서로 친척이란다.

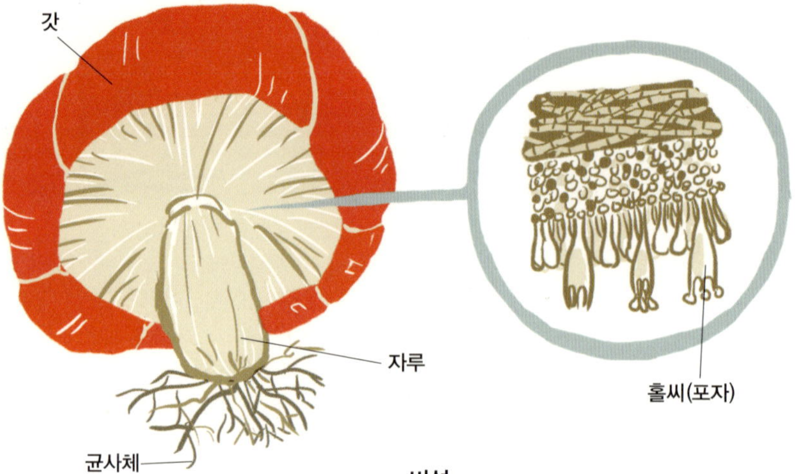

버섯

위 그림을 봐. 버섯 아래쪽에 뿌리처럼 보이는 게 있지? 균사들이 모여 있는 부분으로 균사체라고 불러. 그리고 기둥처럼 생긴 부분은 자루이고, 활짝 펴진 부분은 갓이야. 자루와 갓을 합쳐서 자실체라고 한단다. 갓의 안쪽에는 홀씨가 들어 있지. 균사체가 보통 식물의 뿌리, 줄기, 잎에 해당된다면, 자실체는 꽃에 해당된다고 할 수 있어.

송이버섯, 표고버섯, 느타리버섯, 목이버섯, 양송이……. 모두 먹음직스러운 버섯들이야. 벌써부터 입안에 군침이 도네. 그런데 버섯이 싫어서 슬금슬금 뒷걸음질 치는 친구도 있구나. 버섯은 열량이 낮아서 살이 안 찌는 식품으로 유명해. 그러니까 혹시라도 다이어트에 관심이 많은 친구는 버섯이랑 친하게 지내는 게 좋을 거야.

참, 버섯 중에는 먹을 수 없는 독버섯도 많아. 산에 가면 쉽게 볼 수 있는데, 대개는 색깔이 곱고 아주 예쁘게 생겼지. 그러니까 산에서 예쁘고 맛있어 보인다고 해서 잘 모르는 버섯을 함부로 따 먹으면 안 돼.

곰팡이의 두 번째 친척은 효모야. 둥글둥글 공처럼 생겼지. 효모는 곰팡이나 버섯과 같은 무리로 묶이기는 하지만, 좀 달라.

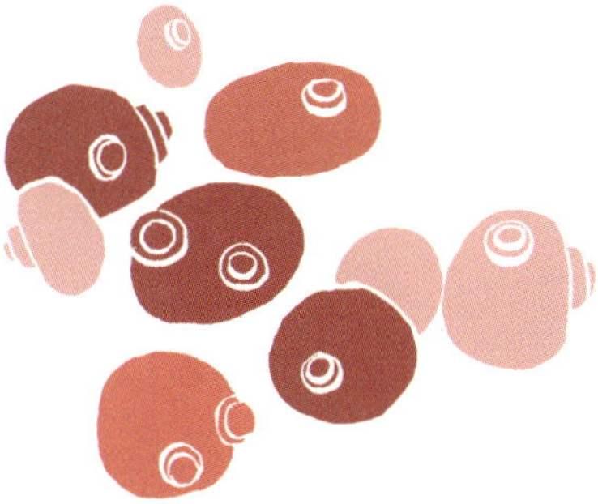
효모

곰팡이와 버섯은 둘 다 균사가 있고 홀씨로 번식을 하지만, 효모는 균사가 없고 출아법으로 번식을 해. 출아법이 뭐냐면, 자기 몸이 조금 떨어져 나가 그 부분이 또 다른 생명체로 자라는 번식 방법이야.

효모는 빵이나 맥주, 포도주를 만들 때 꼭 필요한 미생물이야. 효모가 들어가지 않으면 빵이 부풀지가 않고, 보리나 포도가 발효되지 않아서 술이 만들어지지도 않아. 그래서 효모는 미생물 중에서도 우리가 즐겨 먹는 음식과 관계가 깊은 미생물이란다.

찾아라, 미생물 사냥꾼!

에드워드 제너

Edward Jenner (1749~1823)

혹시 '천연두'라는 말을 들어 봤니? 그럼 '마마'는?

천연두는 천연두 바이러스가 일으키는 전염병을 말해. 옛날에는 천연두에 걸려서 죽는 사람도 많았지만, 운 좋게 살아남았다고 해도 얼굴에 보기 싫은 흉터가 남았어. 마치 곰보빵처럼 말이야. 그래서 많은 사람들이 얼굴에 천연두 흉터를 가지고 있었고, 천연두를 앓지 않은 사람들도 어느 날 갑자기 천연두에 걸릴지 모른다는 생각을 하면서 천연두를 무서워했단다.

우리 조상들은 천연두를 마마라고 불렀어. 그런 병이 생기는 까닭을 몰랐기 때문에, 상감마마나 중전마마처럼 최대한 높임말을 써서 병을 불러오는 귀신에게 미움을 사지 않으려는 생각이었지.

에드워드 제너는 열다섯 살 때 한 외과 의사 밑에서 일하고 있었어. 그러던 어느 날, 우유 짜는 여자가 진찰을 받으러 왔다가 이런 말을 하는 거야.

"저는 우두(젖소가 걸리는 비교적 가벼운 질병)에 걸렸었기 때문에 천연두에는 절대로 걸리지 않아요."

뒷날, 정식으로 의학을 공부하고 의사가 된 제너는 그 일을 내내 기억하고 있었어.

우두와 천연두는 서로 비슷하니까 우두 고름으로 만든 면역 물질이 정말로 천연두를 막아 낼 수 있을지도 모른다고 생각했지.

1796년에 제너는 매우 중요한 실험을 했어. 우두 물집을 이용해서 만든 우두 바이러스를 제임스라는 여덟 살 난 아이에게 주사한 거야. 그리고 두 달 뒤에 그 아이에게 다시 천연두를 접종했지. 제임스는 천연두에 걸리지 않았어. 면역이 생긴 거야.

그 뒤에 제너의 예방 접종은 아주 빠른 속도로 퍼져 나갔어. 그리고 1977년에 세계보건기구(WHO)는 지구상에서 천연두는 사라졌다고 선언하기에 이르렀단다. 하지만 이후에 천연두가 생화학 무기로 이용될 가능성이 알려지면서, 다시 천연두에 관심이 모아지기도 했어.

6. 박사와 대장과 꼬마

루이는 베르나르 영감의 편지를 읽고 나서 많이 놀랐지만, 곧 몸과 마음을 추슬렀다. 그리고 아침이 되자 베르나르 영감의 말대로 수첩을 가지고 레오의 아빠를 만나기 위해서 레오네 집으로 갔다.

레오가 루이를 집 안으로 맞아들이면서 물었다.

"웬일이야?"

"지금 너희 아빠 계시니?"

"아빤 당분간 집에 못 들어오실 거야. 지금 진행 중인 백신 연구 때문에 연구실에서 꼼짝 못 하신다고 하셨거든. 아빠는 왜?"

"큰일이 났어."

루이가 바닥에 털썩 주저앉으며 말했다.

"할아버지한테 무슨 일이 생긴 것 같아. 이걸 봐."

루이가 내미는 편지를 받아 읽더니, 레오가 말했다.

"여기서 이러지 말고 내 방으로 가서 자세히 좀 얘기해 봐."

둘은 레오의 방으로 갔다. 그리고 레오가 문을 닫고 돌아서자, 루이가 이야기를 시작했다.

"사실 할아버진 뮈세 박사에게서 중요한 부탁을 받고 파리에 오신 거였어."

"뮈세 박사라면 파스퇴르 연구소의 부소장?"

"맞아. 파스퇴르 연구소에서 '메두사'라고 하는 아주 위험한 미생물을 도둑맞았다면서 그걸 찾아 달라고 했거든. 메두사가 세상에 퍼지기라도 하면 어마어마하게 많은 사람들이 목숨을 잃을 수도 있다고 했어. 그래서 할아버지는 메두사의 흔적을 조사하고 다니신 거야. 며칠 전에는 조사를 그만두라는 협박 편지까지 받았어."

"베르나르 할아버지의 편지를 보면, 할아버지는 이런 일이 생길지도 모른다는 걸 어느 정도는 생각하고 계셨던 것 같아. 그러니까 중요한 단서가 될 수도 있는 수첩을 네게 남기셨지. 우리 아빠에게서 당장은 도움을 못 받을 거야. 그러니까 일단은 우리끼리 어떻게든 해 보자. 수첩은 어딨니?"

루이가 주머니에서 베르나르 영감의 수첩을 꺼냈다. 레오와 루이는 머리를 맞대고 앉아서 수첩을 들춰 보기 시작했다.

레오가 말했다.

"수첩을 보니 할아버지는 이번 사건과 관련이 있는 사람으로 유리 제작자를 눈여겨보고 계셨던 것 같아."

루이가 맞장구를 쳤다.

"맞아. 메두사가 있던 유리로 된 지하 배양실은 파스퇴르 연구소만을 위해서 아주 특별하게 제작되었다고 했거든."

"그럼, 우린 유리 제작자 주위를 잘 살펴봐야겠네. 우리 둘만으로는 좀 힘에 부치니까 다른 녀석들한테 도와 달라고 해야겠다. 그래도 괜찮겠지?"

루이는 고개를 끄덕였다.

레오는 옷장 속에서 커다란 나팔을 꺼내더니 창밖을 향해 큰 소리로

불어 댔다. 얼마 지나지 않아서 레오네 집 쪽으로 남자아이 둘이 헐레벌떡 달려왔다.

우당탕 달려 들어온 아이들이 숨을 헐떡이며 물었다.

"박사, 무슨 일이야? 요즘은 비상 나팔을 분 적이 없었잖아."

레오가 아이들을 소개했다.

"먼저 서로 인사부터 해. 얘는 내 친구 루이. 그리고 얘는 대장, 얘는 꼬마."

대장이라고 소개받은 덩치 큰 아이가 말했다.

"루이라고? 박사의 친구면 내 친구네. 반갑다."

몸집이 작은 아이, 꼬마도 루이에게 말했다.

"박사가 너 때문에 비상 나팔을 분 모양이구나. 반가워."

루이도 대장과 꼬마에게 인사를 했다.

"그래, 나도 만나서 반가워."

"인사는 그 정도면 됐고, 사건이 일어났어."

사건이 일어났다는 레오의 말에 대장과 꼬마가 거의 동시에 물었다.

"뭔데?"

"루이의 할아버지가 누군가한테 잡혀가신 것 같아. 그래서 말인데, 대장 네가 어떤 집을 좀 감시하면 안 될까?"

"안 될 거 없지. 어딘데?"

"모드 가에 있는 집이야."

"모드 가라면 개울 옆에 있는 길 맞지?"

"응. 그곳에서 가장 큰 집이니까 찾기 어렵진 않을 거야."

"알았어. 당장 시작하지, 뭐."

대장은 자신 있게 말하고서 서둘러 레오의 방에서 나갔다.

"꼬마 너는 대장과 우리 사이에서 연락 일을 맡아 줘야겠어."

레오가 이번에는 꼬마에게 말했다. 꼬마는 옆에 있던 의자에 풀썩 주저앉으면서 고개를 끄덕였다.

"그럴게. 여기 앉아서 기다릴 테니까 필요하면 말해."

레오는 루이를 향해서 돌아앉으며 말했다.

“베르나르 할아버지의 수첩을 보면 ‘자물쇠와 열쇠 미생물을 주의 깊게 살펴라’라고 적혀 있어. 할아버지가 평소에 네게 수수께끼를 즐겨 내셨던 것처럼 이번에도 그런 것 같아.”

루이가 걱정스럽게 말했다.

“그렇지만 나는 자물쇠도 열쇠도 들어 본 적이 없는걸.”

“생각해 보자. 자물쇠와 열쇠가 되는 미생물이 뭘까?”

루이도 레오도 한참 동안 말이 없었다. 눈동자가 또르르 구르는 소리까지 들을 수 있을 정도로 조용해졌다. 할 일이 없어서 심심해진 꼬마가 손에 닿는 대로 아무 책이나 집어 들어서 읽기 시작했다.

“기분이 별로 안 좋다. 루이스 선생님이 내 팔뚝 살을 찢고서 우두 바

이러스를 집어넣었다. 안 하고 싶었는데, 엄마 때문에 어쩔 수가 없었다. 이렇게 하면 정말 천연두에 걸리지 않을까? 무섭고 아파서 눈물이 나오려고 했는데, 꾹 참았더니 머리가 아프다."

레오가 갑자기 자리에서 벌떡 일어섰다. 그리고 꼬마에게로 몸을 날려서 꼬마가 읽고 있던 책을 빼앗았다.

"인마, 누가 내 일기를 읽으래?"

"그게 박사 네 일기였어? 난 그냥 책인 줄 알았지."

꼬마가 히죽거리며 대꾸했다.

"그런데 우두가 진짜 무섭고 아팠냐? 난 아무렇지도 않던데. 알고 보니 순 겁쟁이야. 이히히."

"그만해."

레오가 으르렁거리며 말했다.

레오와 꼬마가 아옹다옹하는 사이, 잠자코 생각에 잠겨 있던 루이가 입을 열었다.

"혹시 자물쇠와 열쇠 미생물이 백신과 관계있는 게 아닐까?"

레오와 꼬마의 실랑이가 갑자기 뚝 멎었다. 아주 잠깐 동안 정적이 흐르더니 레오가 활짝 웃으며 루이에게 말했다.

"드디어 풀었구나!"

"정말 그런 걸까?"

루이의 질문에 레오는 설명을 시작했다.

"물론이지! 잘 들어 봐. 우리 몸에 천연두 바이러스가 들어오면 우리는 천연두에 걸리고 말아. 그런데 매우 약한 우두 바이러스를 미리 몸속에 집어넣으면 나중에 천연두 바이러스가 들어오더라도 천연두에 걸리지 않거나 아주 약하게 앓고 지나가게 되지. 면역이 생겼으니까. 이때 천연두 바이러스를 자물쇠라고 한다면, 천연두에 걸리지 않도록 우리 몸에 미리 집어넣은 우두 바이러스는 열쇠라고도 할 수 있겠지. 꼭꼭 잠긴 자물쇠를 여는 것이 열쇠라면, 사람들을 죽음으로 내모는 질병의 비밀을 푸는 열쇠가 곧 백신일 테니까."

"역시 박사 넌 대단해!"

레오의 말을 듣고 나서 꼬마가 박수를 치며 감탄을 했다. 레오는 꼬마에게 고개를 끄덕여 보였다.

루이가 말했다.

"자물쇠와 열쇠 미생물은 질병을 일으키는 미생물과 그 질병을 이길 수 있는 미생물이 되겠구나. 그런데 우리 할아버지는 왜 자물쇠와 열쇠 미생물을 주의 깊게 살피라고 했을까?"

"그건 우리더러 그런 미생물을 직접 살펴보라는 뜻이 아니라, 아마도 자물쇠와 열쇠 미생물을 주의 깊게 살펴보는 사람들을 말하는 것이 아닐까?"

"파스퇴르 연구소!"

레오의 말이 끝나자마자 루이가 무의식적으로 말을 뱉었다.

"파스퇴르 연구소는 세계 최고의 백신 개발 연구소야. 그러니까 질병을 일으키는 미생물과 그 질병을 이기도록 도와주는 미생물에 대해서 그 누구보다도 주의 깊게 살펴보고 있겠지. 아무래도 파스퇴르 연구소에서 일하는 사람들을 조사해 봐야 할 것 같아."

레오는 그렇게 말하고 나서 파스퇴르 연구소 직원 명부를 꺼내 왔다.

"아빠가 지난봄에 가져오신 거야. 연구소에서는 4년마다 한 번씩 이런 명부를 만든대."

파스퇴르 연구소 직원 명부에는 그곳에서 일하는 사람들의 이름과 직책 등이 사진과 함께 실려 있었다.

"아무래도 이걸 대장한테 보내야겠어. 유리 제작자의 집에 드나드는 사람들 가운데 연구소 사람이 있다면, 그 사람이 이번 사건과 관련이 있을지도 모르니까."

꼬마가 의자에서 몸을 일으키며 말했다.

"그럼 이제 내가 할 일이 생긴 건가?"

"유리 제작자의 집을 잘 지키고 있다가, 명부에 있는 사람과 닮은 사람이 나타나면 당장 연락을 달라고 대장에게 전해 줘. 부탁한다."

레오가 말을 마치자마자 꼬마는 파스퇴르 연구소 직원 명부를 팔에 끼고서 밖으로 달려 나갔다.

루이가 말했다.

"손발이 척척 맞는 게, 너희들은 꼭 탐정들 같아."

"우리뿐 아니라 너도 탐정이야."

레오가 루이에게 말하면서 싱긋 웃었다.

세상 모든 질병의 정복을 꿈꾸다

미생물을 연구하는 미생물학의 발달 과정은 '질병을 일으키는 미생물을 물리치기 위한 방법 찾기의 역사'라고 해도 지나친 말이 아니야. 요즘 들어서는 환경이나 음식, 산업 등과 관련하여 미생물 연구가 활발해지고 있지만, 얼마 전까지만 해도 병에 걸려 죽어 가는 사람들을 살리기 위해서 애쓰는 사람이 바로 미생물학자였단다.

결핵, 폐렴, 장티푸스, 콜레라, 이질, 페스트, 탄저병 등을 옮기는 세균, 인플루엔자, 뇌염, 간염, 광견병, 홍역, 풍진, 천연두 등에 걸리게 하는 바이러스, 그리고 말라리아와 수면병 등을 일으키는 원생동물이 모두 질병을 일으키는 미생물이지.

무시무시한 질병을 이기기 위해 많은 미생물학자들이 노력한 결과 백신과 항생제가 만들어졌어.

백신

몸 바깥에서 들어와서 질병을 일으키는 세균과 몸이 맞서 싸우는 힘을 면역력이라고 해. 면역력이 약하면 병에 걸리고, 면역력이 강하면 병에 걸리지 않지. 어떤 질병에 대한 면역력을 높이기 위해서 일부러 우리 몸에 어떤 물질을 넣기도 하는데, 그것이 바로 백신이란다.

백신은 힘을 아주 약하게 만들었거나 아예 죽인 미생물로 만들어. 그런 미생물을 집어넣으면 우리 몸은 그 미생물에 맞서 싸울 준비를 하지. 그래서 나중에 똑같은 미생물이 몸에 들어오면 재빨리 물리칠 수 있게 되는 거야. 백신은 바이러스가 일으키는 병을 예방하는 데 가장 효과적인데, 세균과 바이러스 모두에서 만들 수 있어. 우리가 아기 때부터 맞아 온 예방 주사는 바로 백신을 우리 몸속에 집어넣는 방법이었던 셈이지.

영국의 의사인 제너는 1798년에 천연두 백신을 만들었고, 그 덕에 지금은 천연두라는 병이 지구상에서 거의 사라졌어. 또 파스퇴르는 1881년에 탄저병 백신을, 4년 뒤에는 광견병 백신을 만들었어. 그 뒤로도 홍역, 간염, 소아마비, 독감, 장티푸스 등 많은 백신들을 만들어 내서 사람들을 죽음으로부터 구하고 있단다.

항생제가 개발되면서 백신에 대한 관심이 많이 줄어들기는 했지만, 아직도 백신은 사람들이 질병과 맞서 싸우는 데 있어서 매우 중요한 역할을 하고 있어.

항생제

항생제는 미생물을 죽이거나 자라지 못하게 하는 물질이야. 처음에는 곰팡이나 땅속 미생물이 자연적으로 만들어 낸 것을 이용했는데, 요즘은 사람들이 연구를 해서 인공적으로 만들기도 해.

미생물, 특히 세균 때문에 병에 걸리면 대개 환자에게 항생제를 준단다. 푸른곰팡이로 만든 최초의 항생제인 페니실린이 발견되고 난 뒤, 사람들은 조금만 아파도 앞다퉈 페니실린을 받았지. 긁힌 상처 하나 때문에 죽는 사람이 셀 수 없이 많던 당시에 사람들의 목숨을 구해 주는 약이 생겼으니 왜 그러지 않았겠어? 그런데 그게 문제였어. 페니실린으로도 죽일 수 없는 세균이 생겨났거든. 이젠 페니실린보다 더 강한 항생제를 찾아야만 했어.

사람 몸에 들어온 세균을 죽이기 위해 항생제를 쓰고, 그 항생제에 죽지 않는 세균이 나타나면 더 강한 항생제를 써야 했지. 사람들이 새로운 항생제를 쓰면 쓸수록 세균들은 점점 더 강력해졌단다. 그래서 지금은 그 어떤 항생제로도 죽이지 못하는 슈퍼박테리아까지 나타났어. 몸이 아프다고 해서 항생제를 마구 먹어서는 안 되는 까닭이 바로 이거야.

슈퍼박테리아

그렇지만 미리 너무 겁낼 필요는 없어. 정해 놓은 시간이나 날짜에 맞춰 항생제를 먹으면 몸에 들어온 세균들을 충분히 죽일 수 있거든. 항생제를 함부로 먹지 않도록 조심만 하면 별다른 걱정은 안 해도 될 거야.

새로운 병원체, 프리온

1985년에 영국에서 이상한 병에 걸린 소가 발견되었어. 침을 많이 흘리고, 제대로 서거나 걷지 못하고 자꾸 넘어지고, 쉽게 흥분하는 게 꼭 미친 것 같았지. 그래서 그 소가 걸린 병을 광우병이라고 불렀단다.

광우병은 프리온 때문에 걸리는 병이야. 프리온(prion)은 단백질을 뜻하는 영어 프로틴(protein)과 바이러스의 한 알갱이를 이르는 비리온(virion)이 합쳐진 이름인데, 바이러스처럼 감염을 일으키는 단백질이라는 뜻이야. 세균과도 다르고 바이러스와도 다른 전혀 새로운 병원성 물질이지. 프리온에 감염되면 뇌에 스펀지처럼 구멍이 뚫려 신경 세포가 죽게 되고, 뇌는 제 기능을 하지 못하게 되지.

광우병이 처음 발견된 영국에서 광우병이 생겨난 까닭을 알아보았대. 그랬더니 스크래피라는 병에 걸린 양의 뼈와 고기, 내장 등을 소의 사료로 썼기 때문이었어. 스크래피는 양이 걸리는 병인데, 광우병처럼 뇌에 구멍이 뚫리는 병이야. 소를 길러서 파는 사람들이 소를 짧은 기간 동안에 빨리 키우려고 풀을 먹는 동물인 소에게 동물성 단백질을 먹인 게 잘못이었던 거야.

그렇게 해서 양에게서 소로 옮겨진 프리온은 소를 병들게 했고, 병든 소를 먹은 사람에게까지 옮겨져서 1994년에는 광우병에 걸려 죽는 사람이 나타났단다.

세균이나 바이러스가 일으키는 질병은 대개 감염되자마자 빨리 증상이 나타나지만, 프리온 때문에 생기는 병은 적어도 10년, 길면 40년 정도가 지난 뒤에야 증상이 나타나. 그래서 더더욱 조심스럽고 걱정이 되는 거지.

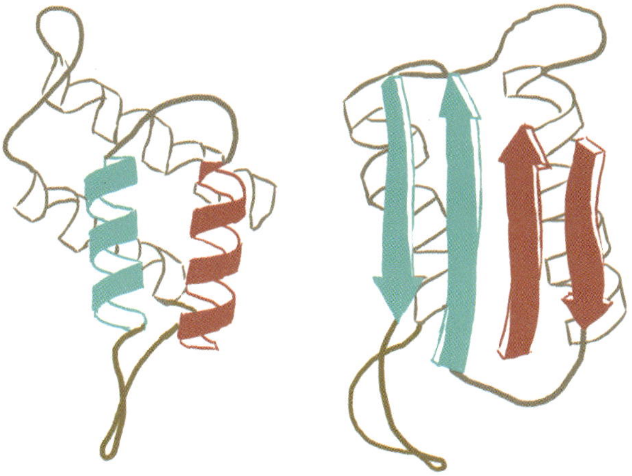

프리온

에밀 폰 베링

Emil von Behring (1854~1917)

병에 걸린 어린이들 열 명 가운데 다섯 명은 어김없이 죽고 마는 무서운 전염병이 있었어. 그 질병의 이름은 '디프테리아'였는데, 어린이들은 물론 부모들까지 벌벌 떨게 만들었단다. 디프테리아로부터 어린이들을 구하기 위해서 많은 사람들이 매달렸지. 그 가운데에는 독일의 세균학자인 에밀 폰 베링도 있었단다.

베링은 탄저균을 발견한 로베르트 코흐의 제자였어. 베링이 디프테리아에 관심을 가지게 된 것은, 코흐의 연구실에서 함께 일했던 프리드리히 뢰플러 때문이야. 뢰플러는 디프테리아균을 찾아냈고, 그 균이 만드는 독소까지도 발견했지. 그렇지만 자기가 발견한 것에 확신이 없었어. 사실 디프테리아에 걸린 어린이들을 죽음으로 몰고 간 것은 디프테리아균이 만드는 독소였단다. 뢰플러는 무시무시한 디프테리아를 물리치는 데 있어 가장 중요한 것을 찾아낸 셈이야. 조금만 더 연구를 계속했으면 디프테리아로부터 어린이들을 구한 사람으로 이름을 남길 수 있었을지도 몰라. 그렇지만 뢰플러는 자기가 발견한 것을 믿지 못한 채 연구를 포기하고 말았단다.

베링은 뢰플러의 연구를 이어받았어. 베링은 '병균이 들어오면 우리 몸은 항체를 만들어 병균과 싸운다. 그 싸움에서 병균이 이기면 우리 몸은 질병에 걸리고, 병균이

지면 질병에 걸리지 않는다.'라고 생각했어. 따라서 디프테리아균을 이길 수 있는 물질을 우리 몸에 집어넣으면 디프테리아에 걸리지 않을 것이라고 여겼지.

베링은 디프테리아균을 이길 수 있는 물질을 찾아서 실험하고 또 실험했어. 그리고 드디어 요오드 트리클로라이드라는 물질을 찾아냈지. 베링은 디프테리아균을 실험용 쥐에게 주사했어. 디프테리아균은 쥐의 몸속에서 재빨리 자라났지. 그러자 베링은 그 쥐에게 요오드 트리클로라이드를 주사했어. 놀랍게도 쥐는 죽지 않았어.

베링은 디프테리아에 걸렸다가 나은 쥐에게 면역이 생겼다는 것을 알아냈어. 그리고 디프테리아에 걸렸다가 나은 동물의 혈청(피가 응고된 뒤에 남는 액체)만이 디프테리아 균의 독소를 없앨 수 있다는 것을 발견했지. 그런 혈청을 '항독소'라고 불렀어. 독소와 겨루어 독을 없애는 물질이라는 뜻이야. 병에 걸린 환자에게서 얻은, 항체를 가진 혈청을 주사해서 질병을 치료하는 방법을 '혈청 요법'이라고 해.

베링은 혈청 요법의 발견으로 무서운 질병을 이길 수 있는 강력한 무기를 의사들의 손에 쥐여 준 사람이 되었단다. 1901년에는 노벨 생리 · 의학상을 수상하기도 했지.

7. 백년지기 친구

루이는 당분간 레오네 집에서 함께 지내기로 했다. 루이와 레오는 늦은 밤까지 자지 않고 베르나르 영감이 남긴 수첩을 보고 또 보았다.

레오가 루이를 보면서 물었다.

"백년지기는 또 뭘까?"

베르나르 영감의 수첩에 '백년지기와 가장 가까운 사람'이라고 적혀 있었기 때문이다.

"백년지기는 오랫동안 친하게 지내는 친구를 말하잖아. 그래서 말인데, 사람과 떼려야 뗄 수 없는 무엇인가를 가리키는 게 아닐까?"

침대에 엎드려 베개에 턱을 묻고 있던 루이가 돌아누우면서 말했다.

"며칠 전에 할아버지랑 이런 일이 있었거든."

루이는 이야기를 시작했다.

베르나르 영감이 창밖을 내다보며 말했다.

"오늘도 꽤 무덥겠는걸. 햇볕이 너무 강하구나."

"좀 시원해지면 나가세요. 햇볕에 화상이라도 입으면 어떡해요."

"내 살갗에 있는 녀석들이 도와줄 테니 걱정 마라."

"누구요?"

"미생물들."

"예에?"

루이는 기겁을 하고 말았다. 얼굴에, 팔다리에, 온몸에 미생물이 스멀스멀 기어 다니고 있다니! 생각만으로도 소름이 돋았다. 루이의 반응을 예상했다는 듯 베르나르 영감이 느긋하게 웃으며 말을 이었다.

"왜 그렇게 놀라? 네 살갗 1㎠에 약 100마리 정도의 미생물이 살고 있는걸! 그 녀석들이 자외선을 맞아 죽어 가면서 피부를 햇볕으로부터 보호하는 거야. 그뿐인 줄 아니? 입, 위, 작은창자, 큰창자와 똥에도 미생물이 살고 있어. 똥에서 물기를 빼고 남는 것 가운데 절반은 미생물이야. 그러니까 네 몸이 너만의 것은 아니란 말씀이지. 허허허!"

베르나르 영감의 말이 이어질수록 루이의 표정은 굳어만 갔다.

"너무 그러지 마라. 네 몸을 빌려서 살고는 있지만, 너한테 폐를 끼치는 건 아니잖니?"

베르나르 영감은 껄껄껄 웃으면서 집을 나섰다. 그렇지만 루이는 도저히 웃어넘길 수가 없었다. 손바닥을 들여다보며 '미생물아, 안녕! 너도 안녕! 또 너도 안녕!'이라고 하루 종일 말해야 할 것만 같아 기분이 좋지 않았기 때문이다.

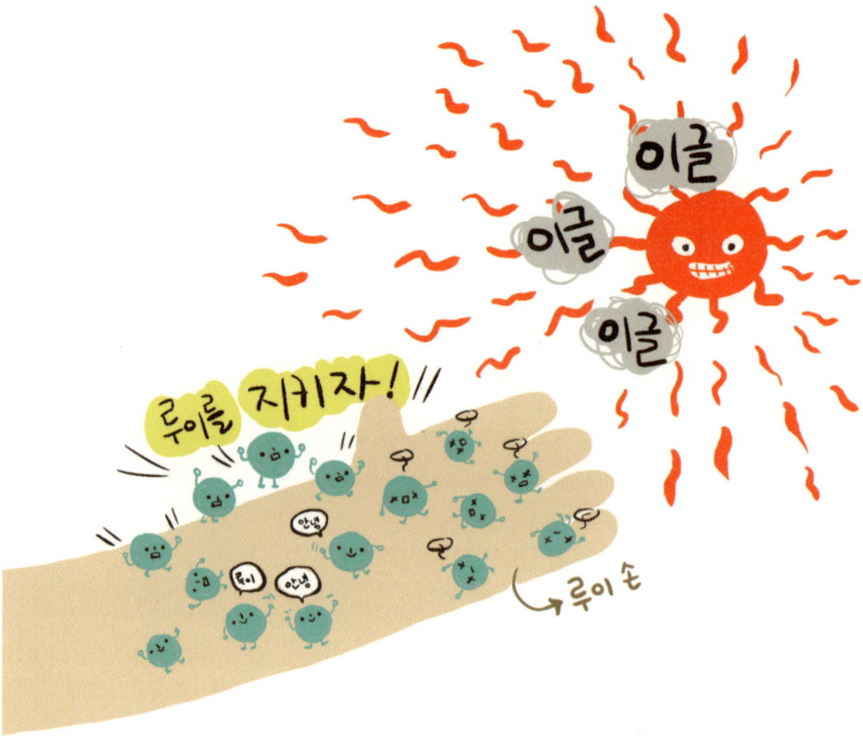

“그날은 기분이 찜찜하기만 했는데, 지금 생각해 보니까 할아버지는 사람과 미생물이 가까운 사이라는 말씀을 하고 싶으셨던 것 같아.”

레오가 말했다.

“사람이 오래 산다고 해도 100년을 넘기기는 어려워. 그러니까 100년이라는 말은 사람의 한평생을 뜻한다고도 할 수 있지.”

“바로 그거야. 사람은 평생 동안 미생물을 자기 몸에 지니고 살아. 그 미생물과 사람이 곧 백년지기인 셈이지.”

“백년지기와 가장 가까운 사람은 그럼 미생물과 가장 가까운 사람으로 풀이가 되네.”

“미생물학자?”

“이번에도 또 파스퇴르 연구소와 관계가 있는 답인걸. 그런데 베르나르 할아버지는 왜 이런 수수께끼 같은 말을 수첩에 적어 놓으셨을까?”

“다른 사람이 수첩을 볼 경우를 대비해서 그러셨을 거야. 만약에 메두사를 가져간 사람이 이 수첩을 본다면 단서를 없애려고 할 테니까. 그래서 전혀 생뚱맞은 글귀들을 적어 놓으신 게 아닐까 싶어.”

“역시 할아버지를 이해하는 건 손자뿐이구나.”

레오의 말을 들으면서 루이는 생각했다.

‘내가 할아버지를 제대로 이해했다면 수수께끼를 훨씬 쉽게 풀었을 거야. 하지만…….’

루이는 갑자기 우울해졌다. 루이의 속마음을 알 리 없는 레오는 베르나르 영감의 수첩을 계속 뒤적거리더니 물었다.

“루이야, 베르나르 할아버지가 연구소에서 가져오신 단추 말인데, 너 혹시 본 적 있니?”

“제대로 보지는 못했어. 아마 할아버지 방에 있을 거야. 그건 왜?”

“베르나르 할아버지는 단추의 주인을 찾아다니신 것 같아. 여길 좀 봐. 파리 시내에 있는 양복점 이름이 다 적혀 있잖아.”

레오가 가리키는 곳에는 정말 양복점 이름이 줄줄이 적혀 있었다. 그리고 양복점 이름 옆에는 가위표가 그려져 있었다. 딱 하나만 빼고.

“한 곳에만 가위표가 없네. 아직 확인을 못한 곳인가 봐. 내일 우리가 한번 가 보자.”

루이가 말했다.

"그래, 할아버지 일을 이어받았으니까 우리가 마무리를 지어야지. 내일은 좀 바쁘겠구나, 우리 둘 다. 그런데 말이야, 우리 몸을 보호해 준다는 점에서 옷과 미생물은 서로 닮은 것 같지 않아?"

"그런 셈인가? 네 말을 듣고 보니 그런 것도 같다."

레오가 루이의 말에 맞장구를 쳤다. 그렇지만 루이는 고개를 갸웃거리며 말을 이었다.

"우리 몸에 살고 있는 미생물 중에는 틀림없이 나쁜 미생물도 있을 거야. 그런데도 우리가 아무 탈 없이 지낼 수 있는 까닭이 뭘까?"

루이의 말을 듣자 레오는 손에 들고 있던 베르나르 영감의 수첩을 내려놓았다. 그리고 루이를 향해 다가앉았다.

"우리 몸에 사는 이로운 미생물을 정상균총이라고 해. 햇빛으로부터 우리 피부를 보호하는 미생물도 정상균총 가운데 한 가지야. 정상균총은 우리 몸을 아프게 하는 나쁜 미생물들을 물리쳐 줘. 그래서 우리 몸에 나쁜 미생물이 들어와도 병에 걸리지 않는 거야. 그런데 정상균총에 문제가 생기면 나쁜 미생물을 막아 줄 수 없기 때문에 우리 몸은 병에 걸리고 말아. 금방 눈에 띄는 증상이 나타나지는 않더라도 우리 몸은 서서히 나빠져 가는 거야. 그러니까 미리미리 조심해야 해."

"정상균총에 문제가 생기는 이유가 뭔데?"

"여러 가지가 있어. 음식을 골고루 먹지 않고 편식을 하기 때문에 정상균총에 이상이 생기기도 하고, 항생제를 너무 많이 먹어도 그렇고,

스트레스도 원인이 된대. 또 점점 나이를 먹고 몸이 늙어 가기 때문에 정상균총이 예전처럼 활동을 못 하게 되기도 하지."

"나이를 먹는 것은 마음대로 할 수 없지만, 그것 말고 다른 것들은 우리가 노력하면 되는 거네."

"다 아는 건데도, 직접 행동으로 옮기는 건 쉽지 않을 때가 많아. 예를 들면, 나는 달콤한 케이크와 치즈가 너무 좋단 말이야. 말이 나왔으니 말인데, 우리 내일 양복점에 갔다가 치즈 먹으러 갈래? 프렝탕 잡화점 거리에 기막히게 맛 좋은 치즈를 파는 곳이 있거든."

레오는 벌써부터 입맛을 다셨다. 그 모습이 꼭 되새김질하는 소 같아서 루이는 피식 웃음이 나왔다. 그러다 문득 대장과 꼬마 생각이 났다.

"대장과 꼬마는 밖에서 고생하는데, 우리만 집에서 편안하게 있으니까 좀 미안하다."

"걱정 안 해도 돼. 꼬마는 늦지 않게 집으로 갔을 테고, 대장은 캠핑을 무척 좋아하거든. 대장의 부모님도 대장이 어디에서 잘 건지 미리 말만 하면 하룻밤 정도는 눈감아 주셔. 자립심을 키우는 데 좋다고 생각하시거든. 우리 엄마로서는 상상도 할 수 없는 일이지."

레오가 씁쓸하게 웃었다.

"부럽니?"

"당연하지, 인마. 난 엄마가 자꾸 나를 어린아이 취급하는 게 싫어."

"난 네가 부러운데……. 넌 엄마 아빠가 계시잖아."

"그렇구나."

레오가 낮게 읊조리고는 말을 멈췄다. 한참 동안 둘 사이에 침묵이 이어졌다. 그러다가 레오가 침묵을 깨고 말했다.

"미안해. 네 생각을 못 했어."

"괜찮아. 그래도 내겐 할아버지가 계시니까."

"그래, 베르나르 할아버지는 무사하실 거야."

마치 메아리처럼, 레오의 말이 루이의 귓전에 자꾸자꾸 울렸다. 루이는 스스로에게 최면을 거는 양 그 말을 따라 했다.

"할아버지는 무사하실 거야."

미생물들의 놀이터, 인체

우리 몸은 약 60조에서 100조 개의 세포로 되어 있어. 굉장한 사실은 이 세포 수의 10배쯤 되는 수많은 미생물들이 우리 몸에 살고 있다는 거야. 다행히 미생물이 우리 눈에 보이지 않을 만큼 크기가 작기 때문에 우리가 살아가는 데 크게 불편하지는 않아.

우리 몸에 사는 미생물들은 대개 우리에게 아무런 해를 끼치지 않아. 오히려 몇몇은 병을 일으킬 수 있는 나쁜 미생물들을 물리쳐 준단다. 우리 몸에서 늘 살고 있는 미생물들을 '정상균총'이라고 불러. 정상균총에 문제가 생기면 병에 걸리게 되는 거야.

피부 사람의 피부는 대부분 건조하기 때문에 미생물이 살기 어렵지만, 습기가 많은 땀샘이나 그 주위에는 꽤 많은 미생물이 살고 있지. 땀에는 미생물이 좋아하는 영양분이 많거든. 땀 냄새는 바로 미생물이 만드는 거야. 여드름을 만드는 것도 미생물이야. 땀구멍이 막혀 피지가 쌓이면 미생물이 여드름을 만든단다.

입속 입속은 아주 많은 미생물이 살고 있는 곳이야. 35~37℃로 온도도 알맞고, 습도도 적당한 데다 침이랑 음식물 찌꺼기들이 있어서 미생물이 살기에 아주 좋은 조건이거든. 이를 잘 닦지 않으면 음식물 찌꺼기가 미생물에 의해 부패하기 때문에 냄새가 나거나 충치가 생기는 거야. 음식을 먹고 나서 1분 30초가 지나면 미생물이 충치 만드는 일을 시작하니까 바로 양치질을 하는 게 좋아.

위 속 위에서 나오는 위산은 산성도가 강해서 입속에 있던 세균들이 다른 소화기관으로 옮겨 가지 못하도록 막아. 그런데 산성도가 높은 위 속에서 사는 미생물도 있어. 바로 헬리코박터 피로리야. 헬리코박터 피로리는 위염, 위궤양, 위암 등

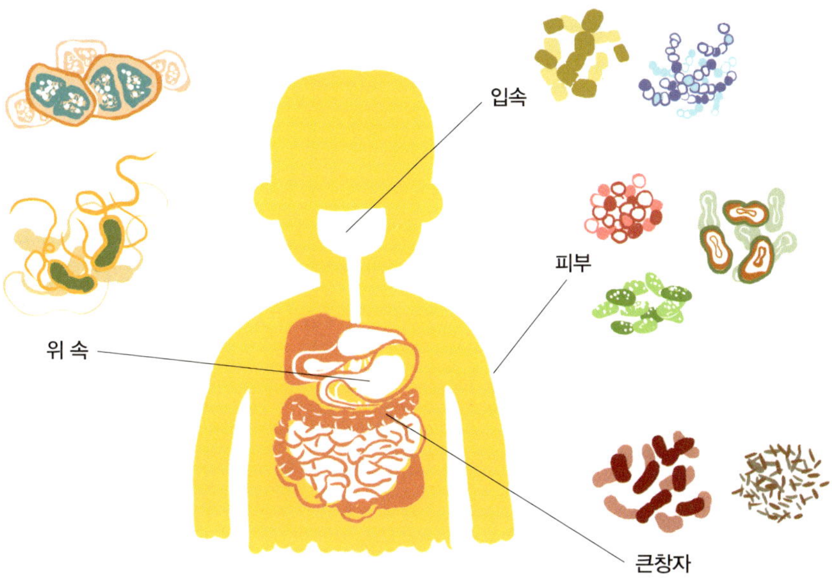

을 일으킨대.

큰창자 큰창자는 우리 몸에서 가장 많은 미생물이 발견되는 곳이야. 큰창자에서 사는 미생물들은 우리에게 많은 도움을 줘. 우리 몸이 직접 만들지 못하는 비타민 B1, B2, B6, B12와 칼륨을 대신 만들어 주지. 또 우리 몸에 꼭 필요한 스테로이드 물질을 큰창자가 빨아들이기 쉬운 형태로 바꿔 주는 것도 미생물이야. 그 밖에도 우리가 먹은 음식물이 소화되어 흡수되도록 도와주기도 한단다.

그 외 콧속, 목, 기관, 허파 등 숨을 쉬는 것과 관련이 있는 곳에는 공기 중에 떠다니던 미생물들이 들어와 달라붙기도 해. 대부분은 콧속에 붙잡혀서 콧물과 함께 밖으로 나오지. 코나 목으로 들어와도 보통 때에는 우리 몸의 면역 체계와 함께 이로운 세균들이 이런 미생물들을 막아 주기 때문에 병에 걸리지 않아. 그렇지만 병에 걸리면 기관지와 허파에까지 미생물이 들어오기도 한단다.

찾아라, 미생물 사냥꾼!

일리야 일리치 메치니코프

Ilya Ilich Mechnikov (1845~1916)

새콤달콤 맛있는 요구르트, 좋아하니? 요구르트 속에는 유산균이 가득 들어 있어서 장을 튼튼하게 해 준단다. 요구르트를 즐겨 먹는 사람은 오래 산다는 말도 있어. 요구르트를 건강식품으로 가장 먼저 눈여겨본 사람은 메치니코프였어.

메치니코프는 러시아의 미생물학자야. 메치니코프가 처음부터 미생물에 관심을 가진 것은 아니었단다. 어느 날 메치니코프는 불가사리 애벌레가 먹이를 먹는 걸 보았어. 불가사리 애벌레는 몸이 투명하기 때문에 몸 안에서 일어나는 일이 훤히 다 보였지. 불가사리 애벌레의 몸 안에는 마음대로 이리저리 옮겨 다니는 이상한 세포가 있었어. 메치니코프가 불가사리에게 먹이를 주었는데, 그 이상한 세포가 먹이 쪽으로 다가오더니 먹이를 냉큼 먹어 버리는 거야. 이 일을 무척 흥미롭게 생각한 메치니코프는 그때부터 미생물을 연구하기 시작했단다.

메치니코프는 불가사리 애벌레 몸속에서 자유롭게 돌아다니는 세포들이 먹이뿐 아니라 나쁜 미생물도 먹을 것이라고 생각했어. 나쁜 미생물을 먹어서 불가사리 애벌레를 보호하는 거지.

메치니코프의 생각은 여기서 한 걸음 더 나아갔어. 우리 몸의 혈액 속에 있는 백혈구도 우리 몸에 들어온 나쁜 세균들로부터 우리를 보호할 것이라고 생각한 거야. 메치니코프는 손가락을 가시에 찔렸을 때, 가시를 빼지 않으면 그 주위에 고름이 생긴다는 사실을 떠올렸어. 고름은 대부분 백혈구로 되어 있다는 사실도.

메치니코프는 실험을 했단다. 불가사리 애벌레의 몸에 장미 가시를 꽂았어. 그리고 그다음 날, 장미 가시 주위에 옮겨 다니는 이상한 세포들이 떼 지어 몰려 있는 것을 보았어. 불가사리 애벌레 몸에 침투한 나쁜 미생물을 먹으려고 몰려든 거지. 메치니코프의 생각이 맞았던 거야.

메치니코프는 우리 몸의 백혈구나 불가사리 애벌레 몸속의 이상한 세포처럼, 자기 몸에 들어온 미생물을 잡아먹는 세포를 '식세포'라고 불렀어. 식세포가 우리 몸에 들어온 나쁜 미생물과 싸우다가 지면 우리는 병에 걸리게 되는 거지.

메치니코프는 건강하게 오래 사는 방법에 대해서도 연구했어. 그러면서 요구르트를 즐겨 먹는 불가리아 사람들이 다른 나라 사람들보다 오래 산다는 사실을 알아냈지. 그래서 요구르트에 있는 유산균에 대해서 관심을 가지고 연구를 하게 된 거야. 실제로 메치니코프는 죽을 때까지 직접 만든 요구르트를 날마다 먹었다고 해.

8. 페르베르 레스토랑

"너희들이 어떻게 이 단추를 가지고 있니?"

루이와 레오가 단추를 내밀자마자 양복점 주인이 물었다.

"이 단추를 아세요?"

"알다마다. 내가 만든 옷에 달았던 단추인걸. 특별히 주문했던 거라 똑같은 단추가 달린 옷은 아마 없을 게다."

"누구 옷이었는지 생각나세요?"

"그건 왜 묻니?"

"저희 할아버지가 외출하셨다가 실수로 옷을 바꿔 입고 오셨어요. 그래서 옷 주인을 찾고 있는 중이거든요. 며

칠 동안 파리 시내 양복점을 다 헤매고 다녔어요."

레오가 능청스럽게 거짓말을 했다.

"며칠 동안 여행을 좀 다녀왔거든. 그래서 가게 문을 어제야 열었구나. 그 단추는 파스퇴르 연구소의 부소장님 옷에 달았던 거란다. 그분을 찾아가 보거라."

양복점 주인의 말을 듣고 나서 루이도 레오도 할 말을 찾지 못했다. 뒤세 박사가 이번 사건과 무슨 관계가 있을까?

양복점을 나서면서 레오가 말했다.

"가자."

"어딜?"

“치즈 먹으러. 머리가 복잡할 땐, 뭘 좀 먹으면서 생각을 정리하는 게 최고거든.”

레오가 앞장을 섰다.

프렝탕 잡화점 거리는 여러 가지 상점들이 늘어서 있고, 오가는 사람들로 붐비는 번화한 곳이었다. 디에프 마을과는 비교도 되지 않을 정도로 복잡했다. 루이는 한눈을 팔다가 사람들과 몇 번이나 부딪쳤다. 그러자 나중에는 레오가 루이의 손을 잡고 사람들 사이를 헤쳐 나갔다.

“여기야. 가게가 정말 근사하지?”

레오가 치즈 가게 앞에 멈춰 서서 말했다. 그곳은 단순한 치즈 가게

가 아니라 여러 가지 음식을 파는 큰 음식점이었다.

자리를 차지하고 앉으면서 루이가 말했다.

"페르베르? 가게 이름이 좀 특이하네."

"페르베르(fervere)는 끓는다는 뜻의 라틴어야. 발효(fermentation)라는 말은 페르베르에서 왔어. 여기는 발효 음식을 전문으로 파는 곳이라 이름을 그렇게 붙였대."

"발효는 미생물 때문에 생기는 거 아니었니?"

"맞아. 미생물은 자기가 빨아들이고 남은 물질을 몸 밖으로 내보낸대. 이런 걸 대사 활동이라고 하는데, 대사 활동 때문에 유기물이 분해

되거나 변화되고 그 결과 새로운 물질이 만들어지는 것이 바로 발효야. 치즈, 요구르트, 포도주가 모두 발효로 만들어지는 것들이지. 맞다, 빵도 있구나!"

"발효는 사람들에게 이로운 거구나."

레오의 설명이 이어졌다.

"발효랑 비슷하지만, 사람들에게 해로운 것은 부패라고 해. 발효와 부패를 만드는 세균은 서로 달라. 부패균이 활동을 하면 고약한 냄새가 나지만, 발효균은 독특한 냄새를 만들기는 해도, 그게 꼭 고약해서 기분 나쁜 느낌을 주지는 않아. 발효균들은 대개 나쁜 세균이 자라는 걸 막아 주기 때문에 발효로 만들어진 물질들은 대부분 사람에게 이로운 거야."

그때였다. 식당 아저씨가 루이와 레오가 있는 곳으로 걸어오더니 레오에게 인사를 했다.

"레오야, 안녕! 부모님은 아직 안 오셨니?"

"오늘은 친구랑 둘이서만 왔어요. 그래도 괜찮죠?"

"물론이지. 늘 먹던 걸로 준비하면 되지? 잠깐만 기다리렴."

식당 아저씨가 말을 마치고 웃으면서 돌아갔다.

루이가 놀란 눈으로 레오를 쳐다보면서 물었다.

"넌 여길 자주 왔었나 보구나?"

"엄마 아빠가 좋아하시는 곳이라 가끔 와. 여기에서 파는 치즈는 정말 환상이라니까."

레오는 배시시 웃으며 대답했다.

잠시 후, 루이와 레오 앞에 음식들이 차례로 놓이기 시작했다. 레오가 적극 추천한 치즈를 비롯하여 크루아상과 소시지, 양배추 절임인 사워크라우트, 오이 피클에 코코아까지 있었다.

"여긴 발효 음식만 판다며? 그런데 왜 코코아가 있어?"

루이가 도무지 이해가 안 간다는 표정을 지으며 물었다.

"코코아도 발효 음식이니까 그렇지. 당연한 걸 왜 묻니?"

레오는 별걸 다 묻는다는 듯 대꾸했다.

"코코아는 코코아 콩으로 만들어. 그런데 코코아 콩을 꼬투리에서 빼낼 때, 좀 쉽게 빼내려고 미생물 배양액을 집어넣어서 콩을 발효시킨대. 코코아의 독특한 맛도 발효 때문에 생기는 거라고 해."

말을 마치고 나서 레오는 뜨거운 코코아를 한 모금 마셨다. 그런 다음, 치즈를 집어 들었다.

"이 치즈는 우유를 발효시켜 만든 것, 빵은 밀가루 반죽을 발효시켜 구운 것, 소시지는 곱게 간 고기를 발효시킨 것, 사워크라우트는 양배추, 오이 피클은 오이를 발효시켜서 만든 것이니까 우리 앞에 놓인

모든 음식은 발효 음식이 맞다는 말씀.”

스스로 생각해도 자기 대답이 만족스러운 레오는 눈을 낮게 내리뜨면서 고개를 끄덕끄덕했다.

루이가 레오에게 감탄해서 물었다.

“그 많은 것들을 어떻게 그렇게 잘 아니?”

“난 미생물에 대해서는 무엇이든 관심이 있지만, 그 가운데에서도 먹을 것과 관련이 있는 것은 특별히 더 관심이 있거든. 히히.”

그렇게 말하면서 레오는 치즈와 소시지와 사워크라우트를 한입에 우겨 넣었다. 루이도 질세라 빵과 소시지와 오이 피클을 크게 한입에 집어넣었다. 둘은 아무 말도 하지 않고 음식을 먹기만 했다. 정신없이 먹다 보니 어느새 접시는 깨끗이 비워졌다.

레오가 배를 두드리며 말했다.

“잘 먹었다. 이제 좀 살 것 같네.”

“이제 어떻게 하는 게 좋을지 생각 좀 해 보자.”

레오의 말을 듣고 피식 웃으면서 루이가 말했다. 레오는 의자 등받이에 몸을 붙이고 앉으며 팔짱을 꼈다.

“뮈세 박사가 이번 일과 어떤 식으로든 관계가 있을 것 같아. 그 사람에 대해서 좀 알아봐야겠어. 일단은 집으로 돌아가자. 혹시 대장에게서 무슨 연락이 왔을지 모르니까.”

집으로 돌아와 보니 꼬마가 레오의 침대에서 자고 있었다.

레오가 흔들어 깨우자 잠에서 깬 꼬마가 말했다.

“왜 이제들 와? 한참 기다렸잖아.”

“왜 그래? 무슨 일 있었어?”

“대장이 연락을 보냈어. 네가 보낸 책에 실린 사람이 그 집에 왔었대. 뮈센가 뭔가 하는 이름이었는데…….”

“뭐? 뮈세 박사?”

그때, 루이의 눈에 바닥에 떨어져 있는 흙이 보였다. 불그스름한 흙 색깔이 왠지 낯이 익었다. 곰곰이 생각하던 루이는 갑자기 큰 소리로 외쳤다.

“맞아, 바로 그거였어.”

레오와 꼬마는 어리둥절한 얼굴이 되었다.

루이가 꼬마에게 물었다.

“꼬마 너, 오늘 어디 어디 다녔니?”

“대장이랑 같이 있다가 곧장 여기로 왔어. 왜?”

“네가 신발에 묻혀 온 흙이 좀 특별해 보여서 그래.”

루이가 말하자, 레오는 무슨 뜻이냐고 눈짓으로 물었다.

“할아버지가 연구소에서 단추랑 함께 흙을 찾아냈던 거 생각나지?”

루이의 말을 듣자 레오의 눈은 왕방울처럼 커졌다.

“그럼, 꼬마 신발에 묻은 흙이랑 그게 같다는 뜻이야?”

“아마도 그런 것 같아.”

루이가 고개를 끄덕이며 대답했다.

“여기서 이러지 말고 얼른 대장에게 가 보자.”

세 아이는 자리를 박차고 일어나 곧장 내달리기 시작했다.

호기심 팡팡! 지식이 쑥쑥!

위대한 요리사, 미생물

우리가 좋아하는 음식들 가운데에는 발효 미생물이 없다면 만들 수 없는 것들이 많단다. 루이와 레오가 페르베르 레스토랑에서 먹었던 음식들을 예로 들어 볼까?

치즈

치즈는 우유로 만드는 발효 식품이야. 치즈를 만들 때는 우선 우유를 고온에서 살균한 다음 유산균을 넣어서 발효시켜. 여기에 레닌이라는 효소를 넣으면 우유가 딱딱하게 굳어. 이걸 커드라고 해. 커드를 씻어서 소금을 뿌리고 숙성시키면 치즈가 만들어지지. 프랑스 사람들이 즐겨 먹는 카망베르 치즈를 만들 때에는 커드를 먼저 흰곰팡이에 담가. 그러면 커드 바깥쪽에서 곰팡이들이 자라면서 단백질을 분해하는데, 그러면서 치즈가 더 부드러워지는 거야.

빵

모든 빵은 밀가루와 물 그리고 미생물인 효모를 기본으로 해서 만들어져. 효모는 빵 반죽을 부풀리는 역할을 하는데, 그러면서 빵이 부드러워지는 거야. 효모를 발견하기 전에는 비스킷처럼 딱딱한 빵을 먹었대.

소시지

곱게 간 고기에 보존료와 조미료를 넣어서 포장 용기에 넣은 다음 따뜻한 곳에 두면 미생물이 자라. 이 미생물이

고기를 발효시키면서 소시지가 만들어지는 거야.

사워크라우트

사워크라우트는 양배추를 절여서 발효시킨 독일식 김치야. 조각조각 찢은 양배추를 소금에 절여서 통에 차곡차곡 담고 공기가 들어가지 않도록 무거운 돌로 눌러서 발효시켜 만들어. 사워크라우트는 톡 쏘는 신맛이 특징이지.

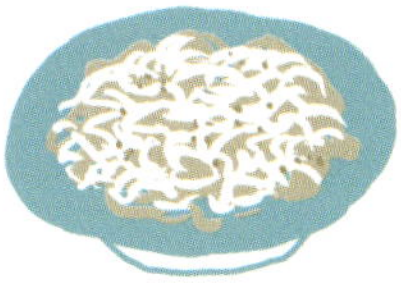

오이 피클

피클은 오이, 양배추 등의 채소를 식초, 설탕, 소금, 향신료 등을 넣어 만든 액체에 담아 발효시켜서 만드는 음식이야. 발효 과정에서 미생물들에 의해 부드럽고 새콤한 맛을 갖게 되지.

김치 속에 숨은 과학

김치는 살아 숨 쉬는 음식이야. 사람이 태어나서 자라고 나이를 먹어 가는 것처럼, 김치도 시간이 지나면서 조금씩 변해 가거든.

갓 담근 김치는 소금기가 많기 때문에 대부분의 미생물은 살 수가 없어. 소금은 채소와 공기가 만나지 못하게 할 뿐만 아니라 다른 미생물들이 채소 속에 들어오지 못하도록 막아 주기도 해. 그래서 산소를 싫어하고 소금기를 좋아하는 미생물만 갓 담근 김치 속에서 살 수 있단다. 바로 젖산균(유산균)이야.

김치를 담그고 시간이 지나면 김치 맛이 시어져. 그걸 가리켜 대개 '김치가 익는다'고 하지. 젖산균이 김치 안에 있는 영양분을 이용해 발효하면서 김치는 산성을 띠게 되고, 그 때문에 신맛이 나게 되는 거야. 이때 김치 속에는 젖산균이 가득해. 젖산균 말고 다른 미생물은 자랄 수가 없거든.

그런데 김치 속에 한 가지 젖산균만 사는 건 아니란다. 여러 가지 젖산균들이 시간이 흘러가는 동안 차례차례 김치를 차지하지. 그러면서 김치는 점점 변해 가. 그러다가 산성도가 낮아지면 젖산균들이 죽고 대신 효모가 자라기 시작한단다. 너무 익은 김치에 하얀 덩어리가 생긴 걸 가끔 볼 수 있는데, 그게 바로 효모야.

김치를 담글 때면 채소를 자르는데, 자른다고 해서 채소를 이루는 세포가 곧바로 죽는 것은 아니야. 세포가 죽지 않으면 소금기가 채소 안으로 들어갈 수 없고, 그런 채소에는 양념이 배어들지 못하지. 그래서 채소 안과 밖의 맛이 서로 다르게 된단다. 겉절이나 생채 무침은 이렇게 채소의 세포가 죽지 않은 상태의 김치야.

그러다가 어느 정도 시간이 지나면 삼투압에 의해서 소금기가 채소 속으로 스며들고 채소 속에 있던 수분이 빠져나오면서 세포들이 죽게 돼. 그렇게 되면 양념이 채소 속으로 쏙 들어갈 수 있게 되고, 채소가 연해지면서 안과 밖의 맛이 같아지는 거야.

소금과 양념의 농도, 주변의 온도에 따라서 삼투압의 속도와 미생물의 활동을 조절할 수가 있어. 그래서 계절과 지역에 따라서 김치 맛도 조금씩 달라지는 거란다.

김치는 우리 조상들이 겨우내 먹을 채소를 저장했던 방법 가운데 하나야. 그래서 가능한 한 오랫동안 저장하면서 신선한 맛이 오래가도록 하려고 애썼지.

김치는 5℃에서 10℃ 사이에서 가장 발효가 잘 돼. 그런데 우리나라의 겨울은 영하로 떨어져 몹시 춥고, 여름은 매우 덥지. 그래서 겨울에는 김치가 얼지 않게 보관해야 하고, 여름에는 상하지 않도록 보관을 해야 해.

우리 조상들은 그 답을 자연에서 찾았어. 겨울에는 김칫독을 땅속에 묻어서 공기 중보다 따뜻한 땅의 온도 때문에 김치가 쉽게 얼지 않도록 했고, 여름에는 김칫독을 우물이나 냇물에 담가서 시원하게 했어. 요즘은 김치 냉장고가 그 일을 대신해 주지만, 김치 냉장고 역시 우리 조상들의 지혜를 옮겨 담은 기계일 뿐이란다.

부패와 분해자

과일 껍질, 먹다 남긴 음식 찌꺼기, 병들거나 나이 들어 죽은 동물, 시든 꽃과 나무……, 그 많은 것들이 썩지 않고 그대로 남아 있다면 어떻게 될까?

죽은 생물들이 썩지 않고 그대로 남아 있다면 아마 지구는 발 디딜 곳이 없을 거야. 그런데 다행스럽게도 죽은 생물은 썩어서 다시 자연으로 돌아가. 세균이나 곰팡이 같은 미생물이 있기 때문이야. 이런 미생물을 분해자라고 한단다.

분해자는 식물 같은 생산자, 동물 같은 소비자와 더불어 생태계를 이루는 생물이야. 분해자인 미생물은 죽은 동물과 식물을 작은 물질로 분해해서 지구에 쌓이지 않도록 한단다. 그렇게 함으로써 생태계가 평형을 유지하는 데 도움을 주지. 또 분해자는 흙에 거름을 만들어서 식물이 잘 자랄 수 있도록 해 줘. 식물이 잘 자라면 그것을 먹고 사는 동물도 잘 살 수 있게 되니까, 결국은 식물과 동물 모두가 분해자의 덕을 보는 거란다. 이제 알겠지? 부패라고 해서 모두 다 나쁜 건 아니라는 걸 말이야.

찾아라, 미생물 사냥꾼!

로널드 로스

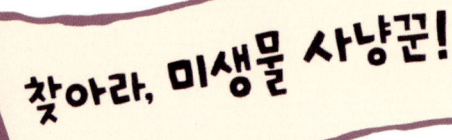

Sir Ronald Ross (1857~1932)

로널드 로스는 영국의 열대병학자야. 의학교를 졸업한 로스는 인도에서 영국 군의관으로 일했어. 로스는 말라리아에 걸린 환자들이 끝도 없이 몰려들자, 말라리아 환자의 몸에서 피를 뽑아 내어 현미경으로 관찰하기 시작했단다.

말라리아는 갑자기 높은 열이 나면서 설사와 구토, 발작을 일으키다가 죽음에 이르게 되는 무서운 전염병이야. 우리나라에서도 '학질'이라고 부르면서 두려워했지.

로스보다 앞서서 1880년에 프랑스 군의관인 알퐁스 라브랑이 말라리아를 일으키는 미생물을 찾아냈어. 그것은 '플라스모디아'라는 원생동물이었지. 모기의 몸속에 있던 플라스모디아가 사람 몸속으로 옮겨 가면서 말라리아에 걸린다는 거였어. 라브랑의 발견에 영향을 받은 로스는 말라리아를 옮기는 모기를 찾아내기로 마음먹었어. 그렇지만 아무리 노력해도 뜻대로 되지는 않았지. 그래서 모든 것을 다 포기한 채 인도를 떠나 영국으로 돌아갔단다.

그러던 어느 날, 로스는 '열대병학의 아버지'라고 불리는 패트릭 맨슨을 우연히 만났어. 맨슨은 로스를 자기 연구실로 데리고 가서 검은 알갱이들이 뿌려져 있는 말라리아 병원균을 보여 주었어. 또 말라리아 병원균이 적혈구를 터뜨리는 것도 함께 관찰했어. 그러면서 로스에게 부탁했지. 자기는 이제 나이가 너무 많으니까 로스가 대신 연구를 계속해 줬으면 좋겠다고 말이야.

맨슨의 부탁을 받은 로스는 다시 인도로 돌아와 곧바로 모기에 대한 연구를 시작했지. 실패를 거듭한 끝에 드디어 로스는 말라리아모기를 찾아냈어. 모기의 위벽에는 둥근 모양의 물체가 있었는데, 그 안에 작고 검은 알갱이들이 있었어. 말라리아 병원균에서 본 검은 알갱이와 비슷했지.

이제 로스는 모기가 말라리아 병원균을 어떻게 옮기는지 알아내야 했어. 로스는 사람 대신 비둘기를 실험에 이용했단다. 새들도 말라리아에 걸린다는 사실을 알고 있었거든.

말라리아모기

로스는 암컷 모기의 위벽에 있는 둥그런 물체를 현미경으로 관찰했어. 모기가 말라리아에 걸린 새의 피를 빨아 먹고 일주일쯤 지나니까 그 둥그런 물체가 터졌어. 그리고 그 안에서 정사각뿔처럼 생긴 실들이 무리를 지어 나왔어. 그것들은 모기의 침샘을 향해 나아갔지. 새나 사람이 죽은 모기를 먹거나 모기의 가루를 들이마셔서가 아니라, 모기가 직접 사람을 물어서 말라리아를 옮긴다는 사실을 밝혀낸 거야.

모든 모기가 말라리아 병원균을 옮기는 것은 아니야. 말라리아모기만이 말라리아 병원균을 옮긴단다.

9. 메두사의 진실

대장은 유리 제작자의 집이 훤히 들여다보이는 곳에 텐트를 치고서 서너 명의 아이들과 함께 지내고 있었다.

루이는 주위를 둘러보았다. 집 주위의 흙은 분명 붉은빛을 띠고 있었다. 루이는 레오를 보면서 고개를 끄덕였다.

"확실해?"

"그런 것 같아. 예전에 할아버지한테서 흙에 사는 미생물 이야기를 들은 적이 있어. 사람처럼, 흙에 사는 미생물들도 살아가는 데 필요한 에너지를 스스로 만들 수 없기 때문에 영양분을 먹어야만 한대. 그래서 흙 속에 있는 죽은 동식물의 몸 같은 유기물에서 필요한 영양분을 얻고, 에너지도 얻는다는 거야. 그런데 어떤 미생물들은 온도에 아주 민감해서 온도가 높을 때에는 유기물을 분해하는 대사 활동을 아주 많이 하고, 온도가 낮을 때에는 대사 활동을 조금만 한대. 그래서 날씨가 더울 때와 추울 때 흙의 색깔이 달라지기도 한다고 하셨어."

"이 동네의 흙이 다른 곳과 좀 달라 보이는 건 사실이야. 대개 흙이라고 하면 누르스름하거나 갈색을 띠기 마련인데, 여긴 붉은색이잖아?"

루이가 말했다.

"높은 온도를 좋아하는 미생물이 다른 곳보다 특히 많아서 대사 활동을 많이 했기 때문은 아닌지 모르겠어."

대장이 투덜거리면서 루이와 레오 사이에 끼어들었다.

"연락을 받고 왔으면 나한테 먼저 아는 척해야 하는 거 아냐?"

"미안, 미안. 어떻게 되어 가고 있니?"

레오는 그제야 대장에게 아는 척을 하며 물었다.

"저기, 마당에 외따로 떨어져 있는 창고 건물이 있지? 저곳으로 하루 세 번 끼니때마다 바구니가 들어갔다가 나오곤 했어. 만약에 루이네 할아버지가 잡혀 계시다면, 바로 저 건물에 계실 거야."

"뭐세 박사도 그 안에 있니?"

"아니, 뭐세 박사는 집 안으로 들어가서 아직 밖으로 나오진 않았어. 창고에도 안 들어갔고."

"지금 같아선 지키는 사람도 없는 것 같은데, 저 건물에 루이네 할아버지가 계시긴 할까?"

"두 시간마다 한 번씩 사람들이 둘러보러 오고 있어. 너희들이 오기 조금 전에 벌써 다녀들 갔고."

대장이 말을 마치자마자 루이가 말했다.

"내가 가 봐야겠어."

레오와 대장이 동시에 소리쳤다.

"너무 위험해!"

루이가 단호하게 말했다.

"두 시간마다 사람들이 둘러보러 나온다면, 다음에 올 때까지 시간이 좀 있어. 정말로 할아버지가 저 안에 계시는지 내가 직접 봐야겠어."

레오가 걱정스럽게 물었다.

"내가 같이 갈까?"

루이가 웃으면서 대답했다.

"아니, 나 혼자 갈게. 혹시 나한테 무슨 일이 생기면 네가 경찰이라도

불러 줘야 하잖아."

"알았어. 우리가 뒤는 책임질 테니까 정말 조심해라."

루이는 살금살금 유리 제작자의 집 쪽으로 걸어갔다. 그리고 조심조심 울타리를 넘어 안으로 들어갔다. 무릎까지 자라 있는 풀들이 루이의 발목을 자꾸만 붙잡았다. 루이는 베르나르 영감의 말이 떠올랐다.

'흙에 사는 미생물들이 대사 활동을 하는 동안, 유기물에 들어 있던 여러 가지 무기물들은 그대로 흙에 남게 된단다. 흙에 남은 무기물들은 식물의 양분이 되고, 그 양분을 빨아들인 식물들은 크고 튼튼하게 자라지. 그 식물들은 사람을 비롯한 동물들의 먹이가 되고, 죽은 동물과 식물은 또다시 미생물에게 영양소와 에너지를 주니, 이런 걸 가리켜서 생태계의 순환이라고 한단다.'

"생태계의 순환인지 뭔지는 몰라도, 풀이 크고 튼튼하게 자란 건 맞는 것 같네요, 할아버지."

루이는 혼잣말을 하면서 걸음을 재촉했다.

마당에 있는 작은 건물은 창고가 맞는 듯했다. 네 방향에 하나씩 문이 달려 있는 것으로 보아, 공간이 4개로 나뉘어 있는 것 같았다. 루이는 소리가 나지 않도록 조심조심 움직이면서 문을 차례로 열어 보았다. 첫 번째 문을 여니 못 쓰는 가구들이 들어 있었다. 두 번째에는 유리의 원료가 되는 모래와 석회석 등이 쌓여 있었다. 세 번째에는 완성된 유리들이 보관되어 있었고, 마지막 네 번째 문은 잠겨 있었다.

잠긴 네 번째 문을 어떻게 열어야 할지 고민하고 있을 때, 갑자기 뒤에서 누군가가 루이의 몸을 번쩍 들어 올렸다. 루이는 몸부림을 쳤지만 아무 소용이 없었다. 그 사람의 힘이 훨씬 더 셌다.

“쥐새끼 한 마리가 나타났구나. 너도 여기 들어가 있어.”

남자는 네 번째 문을 열고 루이를 던지다시피 안으로 밀어 넣었다.

"크게 소리 질러도 아무 소용이 없어. 특별하게 만들어진 곳이기 때문에 여기서 하는 말이 밖에선 들리지 않거든. 참, 그 영감이 있으니까 외롭진 않겠구나. 하하하."

그렇게 말하고 나서 남자는 문을 닫았다. 딸깍, 열쇠를 잠그는 소리가 났다. 창문 하나 없는 곳이었다. 처음에는 아무것도 보이지 않았지만, 시간이 지나자 창고 안 풍경이 희미하게 눈에 들어오기 시작했다.

문에서 멀리 떨어진 곳에 희끄무레한 옷 무더기가 보였다. 루이는 서둘러 그곳으로 갔다. 베르나르 영감이 힘없이 쓰러져 있었다.

"할아버지, 할아버지!"

"루이냐? 나 때문에 너도 이 꼴이 되었구나. 미안하다."

베르나르 영감이 들릴 듯 말 듯한 목소리로 말했다.

"할아버지 때문이 아니에요. 제가 선택한 일이에요. 할아버진 제게 엄마 아빠 대신이잖아요. 할아버지 없이 제가 어떻게 살아요?"

갑자기 문이 열리고 햇빛이 쏟아져 들어왔다. 햇빛을 가르며 검은 그림자 하나가 창고 안으로 들어섰다. 문은 다시 닫혔고, 그와 동시에 창고 안이 밝아졌다. 검은 그림자가 손전등을 들고 있었던 것이다.

"오랜만이군요, 두 사람 모두. 이런 모습으로 만나고 싶지는 않았는데……."

뮈세 박사였다.

루이가 용기를 내어 떨리는 목소리로 물었다.

"대체 왜 이러는 거예요?"

"내 일에 방해가 되니까."

"할아버지는 박사님이 부탁한 일을 하고 있었던 것뿐이에요."

"그렇지만 멈추라는 신호도 받았을 텐데."

"쪽지를 보낸 사람이 박사님이었군요?"

"이제야 눈치챈 모양이구나."

뮈세 박사가 기분 나쁜 웃음을 지었다.

"진작 그만두었으면 여기까지 오지는 않았을 텐데, 참 안타깝구나."

뮈세 박사가 창고 안을 둘러보더니 낡은 의자를 찾아왔다. 뮈세 박사는 의자에 걸터앉으며 힐끗 출입문을 쳐다보았다. 루이를 데려왔던 남자가 작은 주전자와 찻잔이 놓인 쟁반을 들고 들어왔다.

"난 차를 마시지 않으면 이야기를 할 수가 없거든."

뮈세 박사는 차를 한 잔 따랐다. 그러고는 루이와 베르나르 영감을 번갈아 가며 쳐다보았다.

“두 사람에게 소개를 해야겠구나. 벌써 만나는 봤지? 우리 연구소에 특별한 세균 배양실을 만들어 준 제롬 들랑이란다. 내가 아주 좋아하는 유리 제작자지. 으흐흐흐.”

뮈세 박사가 기분 나쁜 웃음을 흘렸다. 루이는 제롬 들랑이라는 남자를 쳐다보았다. 번들거리는 두 눈동자의 색깔이 서로 달랐다. 왼쪽은 초록색, 오른쪽은 회색. 제롬 들랑이 루이에게 눈을 부라렸다.

“자네가 남과 다른 눈을 가졌기 때문에 내가 더 좋아하는 거야. 그러니 저런 애송이한테 신경 쓸 필요는 없어. 그래도 신경이 쓰인다면 나중에 저 아이를 자네 마음대로 해도 좋아.”

뮈세 박사가 제롬 들랑을 다독이더니 루이를 보며 말했다.

“우리 유리 제작자의 신경을 거스르지 않는 게 좋을 거야. 이미 겪어 봤겠지만, 매우 거친 사람이거든. 그리고 나를 아주 좋아해서, 내가 원한다면 아마 지옥에라도 다녀올걸. 최고의 솜씨로 연구소에 유리 배양실을 만든 것도 바로 이 뮈세를 위해서였어. 나는 오래전부터 메두사

같은 미생물 무기를 만들려고 생각해 왔거든. 말하자면 메두사는 처음부터 내 것이었단 말이지."

순간 루이는 온몸에 으스스 소름이 돋았다.

"그렇다면 왜, 할아버지에게 메두사를 찾아 달라는 부탁을 한 거죠?"

루이가 뮈세 박사를 보며 조심스럽게 물었다.

"내가 사건을 직접 부탁하면 메두사를 가져간 사람으로 나를 의심하는 일은 없을 테니까. 그렇지만 사실 나는 이 사건이 영원히 풀리지 않는 수수께끼로 남길 바랐단다. 그런데 저 영감도, 너도 멈추지 않더구나. 너무 멀리 왔어. 돌이킬 수 없을 만큼."

뮈세 박사가 루이를 매섭게 노려보았다.

"메두사는 어떻게 되었죠? 그게 있기는 한 건가요?"

"난 지금 독일 정부와 흥정 중이야. 독일이 전쟁에서 프랑스를 이기려면 그게 꼭 필요하니까. 내가 만족할 만한 대가를 받아 내면 메두사를 곧바로 넘길 생각이지."

“우리 프랑스와 독일이 정말로 전쟁을 벌일 거란 말이에요?”

“적어도 독일 쪽 생각은 그래.”

“박사님은 옳지 못한 일을 하고 있는 거예요. 이번 일은 절대로 성공할 수 없어요.”

“입 다물어, 꼬마야! 어린애라고 해도 더 이상은 봐주지 않는다.”

그때였다. 밖에서 땅! 땅! 총소리가 나는 듯싶더니 창고 문이 벌컥 열렸다. 그리고 우르르 달려 들어온 경찰들이 눈 깜짝할 사이에 뮈세 박사와 제롬 들랑을 사로잡았다.

레오와 대장과 꼬마가 다가와서 루이와 베르나르 영감을 일으켰다.

레오가 말했다.

“괜찮니? 뮈세 박사가 창고로 들어가는 걸 보자마자 곧장 경찰에 연락을 했어. 너무 늦은 건 아니었으면 좋겠다.”

“아니, 시간을 딱 맞췄어. 제때에 와 줘서 정말 고마워.”

서로 돕는 우리는 친구

콩과 식물의 뿌리를 보면 동글동글한 뿌리혹을 볼 수 있어. 뿌리혹 속에는 뿌리혹박테리아가 살고 있지. 뿌리혹박테리아는 식물의 뿌리에 들어가서 혹이 생기게 하는 세균이야. 땅속에서 살고 있다가 콩과 식물이 새 뿌리를 내리면 그 안으로 들어가는 거지. 그러고는 둥그런 뿌리혹을 만들어서 콩과 식물과 한 몸이 되어 살아. 서로 도움을 주고받으면서 말이야.

식물은 뿌리혹박테리아에게 살 곳은 물론 영양분을 줘. 그리고 뿌리혹박테리아는 공기 속에 있는 질소를 빨아들여서 질소 화합물을 만들어 식물에게 주지. 식물이 잘 자라려면 질소가 꼭 필요한데, 기체 상태로 공기 속에 있는 질소를 식물이 직접 빨아들일 수는 없거든. 그래서 뿌리혹박테리아의 도움을 받는 거야. 뿌리혹박테리아처럼 식물과 함께 살면서 공기 속에 있던 질소를 빨아들여 식물에게 주는 세균을 질소고정세균이라고 한단다.

다른 식물들에서 질소고정세균이 발견되기도 해. 오리나무와 보리수나무에는 프랜키아라는 질소고정세균이 살고 있거든.

콩과 식물의 뿌리혹

흙에 사는 미생물은 무슨 일을 할까?

흙 속에 사는 미생물을 토양 미생물이라고 해. 뿌리혹박테리아도 토양 미생물의 하나이지. 가끔 흙 속을 보면 군데군데 하얗게 보이는 것이 있는데, 토양 미생물이 무리를 이뤄 자란 모습이란다. 토양 미생물은 1000가지가 넘는데, 900여 가지는 좋은 미생물, 나머지 100여 가지는 나쁜 미생물이야.

식물의 뿌리는 식물이 단단히 서 있을 수 있게 하고, 영양분과 물을 빨아들여서 줄기와 잎이 자랄 수 있도록 해 줘. 뿌리에는 뿌리털이 나 있는데, 뿌리털 곁에는 아주 많은 미생물들이 살고 있어. 뿌리털이 영양분을 잘 빨아들여 식물을 잘 자라게 돕는 좋은 미생물들이지. 하지만 나쁜 미생물은 뿌리를 죽게 만들어 버린단다.

농약은 식물에 해가 되는 미생물과 벌레뿐만 아니라 좋은 토양 미생물들까지 죽인대. 그래서 농약이 많이 뿌려진 땅에서는 식물들도 잘 자라지 못한단다.

다행스럽게도 요즘엔 토양 미생물에 대한 관심이 점점 많아지고, 연구도 활발해지고 있어. 토양 미생물이 질소를 빨아들일 뿐만 아니라 식물이 쑥쑥 잘 자라도록 돕고, 식물에게 해가 되는 질병과 해충을 막아 준다는 걸 알게 되었기 때문이야. 게다가 농약이나 환경을 오염시키는 물질까지 분해한다고 하니 정말 대단하지? 토양 미생물은 생태계의 물질 순환과 정화 작용에 꼭 필요하단다.

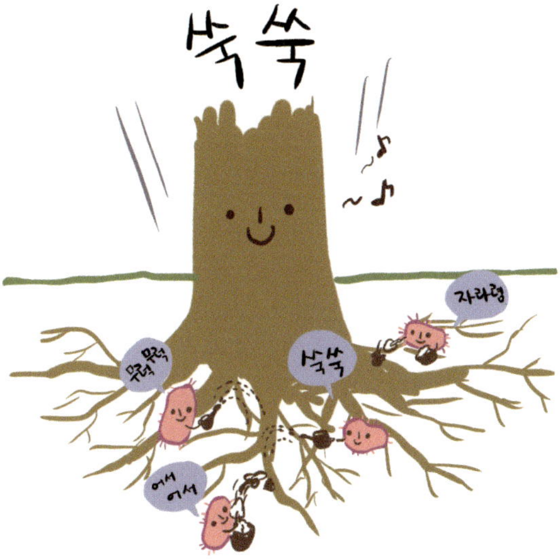

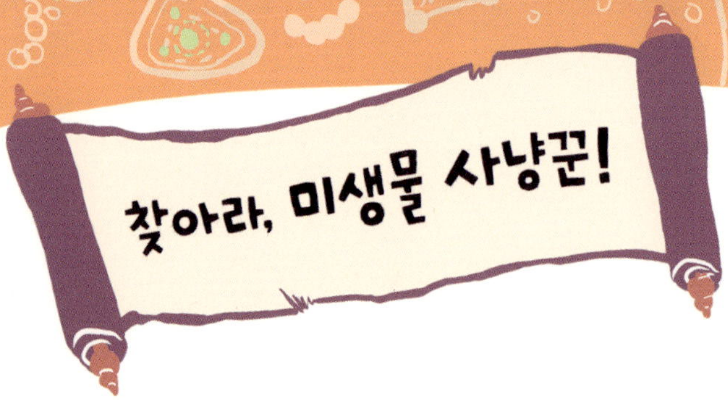

파울 에를리히

Paul Ehrlich (1854~1915)

파울 에를리히는 독일의 세균학자이자 의사였어. 에를리히는 의사였지만 마음이 무척 여렸어. 그래서 고통받는 환자의 비명이나 환자의 죽음 앞에서 매우 힘겨워했단다.

에를리히는 의과 대학에 다닐 때부터 특수 물감으로 세포를 물들이는 것을 좋아했어. 의사가 된 뒤에도 살아 있는 동물을 염색해서 동물의 몸을 이루는 물질을 알아내는 일에 관심이 아주 많았단다.

하루는 짙푸른 녹색을 띠는 염기성 물감인 메틸렌 블루를 토끼 귀에 있는 정맥에 주사했어. 메틸렌 블루는 피를 타고 토끼의 온몸으로 퍼져 나갔지. 그런데 이상하게도 신경의 끝만 파랗게 물이 든 거야.

에를리히는 '메틸렌 블루가 토끼 몸에서 신경의 끝만 물들이고 몸의 다른 부분에는 영향을 주지 않듯이, 사람에게는 아무런 영향을 끼치지 않으면서 사람을 공격하는 미생물만 물들이고 죽이는 약품도 틀림없이 있을 거야.'라고 생각했어.

그 무렵, 원생동물 때문에 걸리는 질병에는 혈청 요법(항체를 가진 혈청을 주사해서 질병을 치료하는 방법)이 그다지 효과가 없는 것으로 알려졌어. 그렇다면 화학 요법(화학 약품을 써서 병을 치료하는 방법)을 쓰면 효과가 있을지도 모른다고 에를리히는 생각했지.

에를리히는 원생동물인 트리파노소마를 연구 대상으로 삼았어. 트리파노소마는 쥐에게 말 드 카데라라는 병을 일으키는 원생동물이야.

에를리히는 거의 500가지나 되는 약품을 가지고 쥐에게 실험을 했어. 그렇지만 아무 소용이 없었어. 그 어떤 약품으로도 말 드 카데라 병에 걸린 쥐를 살려 내지 못한 거야. 그래도 포기하지 않고 실험을 계속해서, 드디어 말 드 카데라 병에 걸린 쥐를 낫게 할 수 있는 치료약을 만들어 냈어. 에를리히는 거기에 만족하지 않았단다. 600번이 넘는 실험과 실패를 되풀이한 끝에 '살바르산 606'을 만들어 내기에 이르렀지.

에를리히가 살던 무렵에는 매독이 가장 무서운 병이었어. 매독은 매독균에 감염되어 걸리는 전염병이야. 피부에 발진이 돋고 가려움이 매우 심하며, 정신병까지 함께 온단다. 항생제인 페니실린이 나오기 전에는 유럽 전체 인구의 약 15% 정도가 매독에 걸려서 죽을 정도였어.

그런데 에를리히가 만들어 낸 살바르산 606은 매독균을 죽일 수 있었어. 그 어떤 약품으로도 죽이지 못하는 지독한 세균이었는데 말이야. 사람들은 살바르산 606을 마법의 약이라고 불렀단다. 바로 에를리히의 끈기가 이루어 낸 마법이었어.

10. 새로운 세상을 꿈꾸다

저녁이었다. 베르나르 영감과 루이가 집에서 쉬고 있는데, 누군가가 문을 두드렸다. 예전에 디에프 마을로 느닷없이 찾아왔던 뮈세 박사를 떠올리며 루이는 저도 모르게 몸을 움찔했다. 혹시라도 반갑지 않은 손님이면 어쩌나 하는 생각이 들었지만, 루이는 문을 열었다. 레오와 레오의 부모님이 커다란 바구니를 하나씩 들고 서 있었다.

"잠깐 들어가도 되겠니?"

레오의 아빠가 물었다. 루이는 고개를 끄덕이고서 한쪽으로 비켜서면서 손님을 집 안으로 맞아들였다.

레오의 아빠가 베르나르 영감 곁에 다가앉으며 말했다.

"몸은 좀 어떠세요? 소식을 듣자마자 연구소에서 부리나케 달려온 참입니다. 정말 고생 많으셨어요."

베르나르 영감이 대답했다.

"괜찮네. 아이들이 애썼지, 내가 뭐 한 게 있는가? 모두가 다 이 아이들 덕이야."

"메두사는 폐기되었습니다. 어떻게 메두사같이 위험한 미생물을 몰래 숨겨 두고 있었는지, 연구소도 그렇고 우리 정부도 도무지 이해가 되지 않네요. 미생물이 무기로 쓰였을 때, 아무런 죄 없는 사람들의 목숨을 얼마나 많이 앗아 갔는지 그렇게나 잘 알면서 말이에요. 옛날에 성을 공격하던 병사들이 병에 걸려 죽은 사람의 시체들을 담요에 담아 날려 보낸 일 때문에 수많은 사람들이 병에 걸려 목숨을 잃었던 걸 기억하시지요?"

"그 뒤로도 무기로 쓰인 미생물 때문에 많은 사람들이 죽었지. 손쉽게 전쟁에서 이길 수 있는 유혹을 사람들이 물리치지 못하기 때문일 거야. 지금이라도 메두사를 없앴으니 정말 다행이구먼."

아빠와 베르나르 영감이 주고받는 말을 듣고 있던 레오가 아빠의 팔을 잡고 흔들었다.

"아빠, 베르나르 할아버진 뭐 좀 드셔야 해요. 창고에 잡혀 계시면서 음식을 제대로 못 드셨단 말이에요."

"응? 그래, 그래. 디에프에서 즐겨 드시던 음식들이 생각나실 것 같아서 레오 엄마가 드실 것을 좀 만들어 왔어요."

레오의 아빠는 탁자 위에 여러 가지 해산물 요리를 꺼내 놓았다. 그걸 보고서 루이가 말했다.

"디에프 앞바다에서는 조개와 미역이 많이 났어요."

레오의 아빠가 말했다.

"요즘 디에프에서 안 좋은 소식이 들리더구나. 적조가 생겼대."

"적조가 뭔데요? 나쁜 거예요?"

"바다는 여러 미생물들이 서로 어울려서 누가 더 많지도 더 적지도 않게 균형을 이루며 살아가는 곳이란다. 그런데 그 균형이 깨져서 어떤 미생물들이 훨씬 더 많아지게 되면 바닷물이 붉게 물들어 보이는데, 이걸 적조라고 한단다. 적조가 생기면 물속에 녹아 있는 산소의 농도가 낮아지기 때문에 물속 산소로 숨을 쉬고 살아가는 물고기와 조개들은 숨이 막혀 죽어 버리고 말아."

"왜 그런 일이 생겨요?"

"적조가 무엇 때문에 생기는지는 누구도 아직 정확하게 알지 못한단다. 다만 수온이 높고 영양분이 많아지면 적조가 생긴다는 건 알고 있지. 사람들이 생활하면서 쓰고 버린 하수나 공장의 폐수가 바다로 흘러 들어가게 되면 적조가 생길 확률은 그만큼 더 커지지."

레오의 아빠가 대답하자 베르나르 영감도 덧붙여서 말했다.

"눈에 보이든 보이지 않든, 수많은 생명체들이 한데 어울려 살아가는 곳이 바로 지구인데, 사람들은 종종 그 사실을 잊어버리는 것 같구나. 자기들이 지구의 하나뿐인 주인이라고 생각하는 것 같아. 그럴 때마다 그렇지 않다는 걸 깨우쳐 주려고 미생물들이 적조 같은 걸 만들어 내는 건 아닌지 모르겠다."

루이는 잠깐 생각에 잠겼다. 바다를 망가뜨린 것이 미생물일까, 사람일까? 메두사는 분명 사람들에게 몹쓸 질병을 주는 나쁜 미생물이었다. 그렇지만 메두사가 스스로 사람들을 위험에 빠뜨린 것은 아니었다. 나 말고 다른 사람은 어떻게 되든 상관없다는 사람들의 이기심이 메두사를 이용했던 것이다. 그렇다면 적조도 비슷하게 생각할 수 있지 않을까?

루이가 다시 물었다.

"적조를 없앨 수 있는 방법은 없나요?"

레오의 아빠가 말했다.

"황토를 뿌리는 방법이 있단다. 적조를 일으키는 미생물을 황토 알맹이가 꼭 붙잡아 바닷속으로 가라앉게 되면, 먹을 것이 없어진 적조 미생물들이 자연스럽게 줄어드는 거지."

루이가 말했다.

"세균을 잡아먹는 박테리오파지처럼, 적조를 일으키는 미생물들을 잡아먹는 또 다른 미생물이 있는 건 아닐까 생각했어요. 그런데 그건 아닌 모양이네요."

"적조 미생물을 잡아먹는 미생물이 아직 발견되지는 않았지만, 그런 미생물이 정말 있을지도 모른단다. 과학자들이 밝혀내고 이름을 붙여 준 미생물은 전체 미생물의 10%도 채 되지 않기 때문이야. 미생물학자들이 해야 할 일은 아직도 무궁무진하단다."

"그래서 나도 미생물 박사가 되려고 하는 거라니까. 아빠, 제가 할 일은 꼭 남겨 두셔야 해요."

레오가 끼어들어서 히죽거리며 말했다.

"이제 그만들 좀 하세요. 음식이 다 식겠어요."

이번에는 레오의 엄마가 모두에게 말했다. 탁자 위에 음식이 놓여 있다는 사실이 비로소 생각난 것처럼, 그제야 베르나르 영감은 포크를 집어 들었다.

베르나르 영감이 루이에게 물었다.

"우리를 도와준 레오와 친구들을 저녁 식사에 초대하고 싶은데, 어떻게 생각하니?"

루이가 말했다.

"사실은 저도 그렇게 하고 싶었어요, 할아버지."

레오의 엄마도 거들었다.

"저도 도울게요."

레오의 엄마가 흐뭇한 표정을 지으며 말했다.

"레오가 아직 어린애인 줄로만 알았는데, 그게 아니라는 걸 이번에 알았어요. 제가 굳이 하나하나 챙기지 않아도 레오 스스로 잘 알아서 할 거라는 믿음이 생겼지요. 그걸 깨닫게 해 준 아이들에게 저 역시 대접을 하고 싶었답니다."

엄마의 말을 들으면서 레오는 '그걸 이제야 아셨어요?'라는 뜻이 담긴 표정을 지으며 고개를 끄덕였다.

며칠이 지났다. 레오와 꼬마와 대장이 모두 가장 좋은 옷으로 맵시를 내고 루이네 집에 찾아왔다. 레오의 엄마가 특별히 준비한 음식들을 나누어 먹으면서 다 함께 즐거운 시간을 보냈다.

"너희들 모두 고맙구나. 박사라는 별명답게 지혜롭게 사건을 풀어 간 레오, 힘들었을 텐데도 밖에서 하룻밤을 지내고 유리 제작자의 집을 잘 지켜 준 대장과 친구들, 먼 거리를 마다하지 않고 이쪽저쪽 뛰어다니며 연락을 도맡아 한 꼬마까지 너희들은 그야말로 멋진 한 팀이었다."

베르나르 영감이 칭찬을 하자, 아이들은 으쓱해졌다. 그때 레오가 말했다.

"루이도 저희와 한 팀이에요, 할아버지."

"그러냐? 그럼 앞으로도 멋진 한 팀으로 지내기를 부탁해야겠구나. 루이가 가을부터 학교에 다니기로 했단다."

"정말이에요, 할아버지?"

루이가 자리에서 벌떡 일어나며 물었다. 베르나르 영감은 부드러운 미소를 지으면서 고개를 끄덕였다.

"야호! 신난다."

레오도 꼬마도 대장도 환호성을 지르면서 박수를 쳤다.

모두들 환하게 웃고 있을 때, 문이 벌컥 열리더니 레오의 아빠가 네모난 상자를 품에 안고 들어섰다.

"제가 너무 늦었나요?"

베르나르 영감이 대답했다.

"아닐세. 딱 좋은 시간에 왔네."

레오의 아빠는 상자를 루이 앞에 내려놓았다.

"할아버지가 네게 주시는 선물이란다."

루이는 조심스럽게 상자를 열었다. 검은 천을 옷처럼 입고 있는 딱딱한 것이 만져졌다. 그게 무엇인지 루이는 단번에 알아챌 수 있었다. 현미경이었다. 너무 갑작스런 일이어서 잠깐 동안 심장이 멎어 버린 것만 같았다. 말문도 막히고, 온몸도 돌처럼 굳어 버린 느낌이 들었다.

베르나르 영감이 루이에게 말했다.

"훌륭한 미생물학자가 되려무나. 그래서 네 부모가 못다 이룬 꿈을 이루길 바란다."

루이는 떨리는 손으로 검은 천을 벗겨 냈다. 반짝반짝 윤이 나는 현미경을 어루만지는데, 눈물이 핑 돌았다. 하나도 슬프지 않은데, 언제나 바라던 일이 이뤄진 기쁜 날인데, 왜 자꾸만 눈물이 나는지 루이는 알 수 없었다.

"자식, 은근히 울보네? 이 정도가

어디 울 거리나 되냐?"

루이에게 어깨동무를 하면서 레오가 말했다. 루이는 빙그레 웃으면서 손으로 눈물을 닦아 냈다.

'사람에게도, 미생물에게도, 더 나아가서 살아 있는 모든 것들에게 도움이 되는 일을 하고 싶어.'

루이는 그렇게 생각하면서 현미경을 꼬옥 끌어안았다. 그리고 스스로에게 주문을 거는 것처럼 숨을 깊이 들이마셨다. 가슴에 품은 현미경과 가슴속에 품은 새로운 꿈이 자기를 이끌어 주고 있다는 것을 온몸으로 느낄 수 있었다.

녹색 지구를 일구는 미생물

오랫동안 미생물이라고 하면, 병을 주는 무서운 존재이거나 맛있는 음식을 주는 고마운 존재로만 생각해 왔어. 그런데 요즘 들어 미생물이 지닌 새로운 가능성에 눈길을 주는 사람들이 생겨났단다. 그 사람들의 말에 따르면 미생물이 지구의 환경을 지킬 수 있다고 해. 지금부터 환경을 지키는 미생물로 여겨지는 몇몇 미생물을 살펴보자.

슈와넬라

사람을 비롯한 대부분의 살아 있는 생명체는 에너지를 얻기 위해서 산소를 들이마시고 이산화탄소를 뱉어 내잖아? 그런데 금속을 빨아들여서 에너지를 만드는 미생물이 있대. 바로 슈와넬라야. 슈와넬라의 특성을 이용하면 폐수에 녹아 있는 나쁜 중금속을 없앨 수 있어. 게다가 그 과정에서 전기도 얻게 되지.

슈와넬라

철판으로 만든 전극(전기가 드나드는 곳, 양극과 음극이 있음)을 슈와넬라와 함께 폐수에 담가 두면, 폐수를 영양분으로 하여 자라난 슈와넬라가 음극(전류가 들어가는 곳)인 철판에 달라붙어서 전자가 흘러갈 수 있도록 해 줘. 그러면 전기가 만들어지는 거란다. 이렇게 미생물을 이용해서 전기를 만드는 걸 '미생물 연료 전지'라고 해.

폐수도 정화시키고 전기도 얻을 수 있으니까 그야말로 '꿩 먹고 알 먹고'잖아? 그런데 안타깝게도, 슈와넬라가 만들 수 있는 전기의 양이 매우 적어서 아직은 사람들이 살아가는 데 쓰지는 못한대. 그렇지만 과학자들이 계속 연구를 하고 있으니까, 언젠가는 석탄과 석유 대신 슈와넬라가 만드는 무공해 전기를 쓰는 날이 올 거야.

지오박터

우주 왕복선을 타고 지구에서 화성까지 날아가려면 꼬박 2년이 걸린대. 지금까지는 로봇만 화성에 보냈을 뿐이지만, 머지않아 사람이 가는 날이 올 거야. 그런데 사람이 화성에 가려면 날마다 누는 똥이 문제가 된다는구나. 가는 데만 2년이니까 돌아오는 시간까지 더하면 4년이잖아? 4년 동안 눈 똥을 어떻게 처리할까가 문제이지.

그래서 과학자들은 똥으로 전기를 만드는 방법을 생각해 냈어. 땅속에 사는 '지오박터'라는 미생물이 유기물 쓰레기를 분해하면서 전기 에너지를 만들어 낸다는 걸 알았거든. 지오박터는 유기물 쓰레기를 분해하는 동안 그것으로부터 전자를 빼앗아 곁에 있는 산화철에게 넘겨주는데, 바로 그 과정에서 전기 에너지가 생기는 거야.

지오박터로 만드는 미생물 연료 전지의 원리는 이래. 지오박터가 들어 있는 둥근 관 속을 똥이 지나가면 지오박터는 똥에게서 전자를 빼앗아. 그리고 그 전자를 음극(전류가 들어가는 곳) 역할을 하는 관에 전달하지. 전자는 다시 양극(전류가 나오는 곳) 역할을 하는 관으로 전달되고, 그러면서 전류가 만들어지는 거야.

그렇지만 슈와넬라의 경우처럼 지오박터가 만드는 미생물 연료 전지도 실생활에

쓰려면 더 많은 연구가 필요해. 전자가 움직이는 속도가 너무 느리기 때문이야.

기름 먹는 미생물

기름을 싣고 가던 커다란 배가 사고가 나서 바다가 시커먼 기름으로 뒤덮였다는 소식이 이따금 들리지? 바다를 뒤덮은 기름을 걷어 내기 위해서 사람들이 많은 노력을 하지만, 그 과정에서 또 다른 쓰레기와 환경 오염을 만들어 낸단다. 그래서 사람들은 새로운 방법을 생각하기 시작했어.

바닷물 1mL 속에는 1만~1백만 마리의 미생물이 살고 있어. 사고로 배에서 기름이 흘러나오게 되면 대부분의 미생물은 죽고 말지. 그런데 그 속에서도 살아남는 미생물이 있어. 기름에 들어 있는 탄화수소를 먹고 사는 이 미생물은 기름을 물과 이산화탄소로 분해해. 그래서 바다는 원래대로 돌아갈 수 있게 되지.

기름 먹는 미생물을 써서 바다를 깨끗한 상태로 되돌리는 방법을 생물 정화라고 해. 생물 정화는 다른 방법에 비해 쓰레기가 생기지 않고, 사람들이 미처 찾아내지 못했던 모래 속이나 바위틈에 있는 기름까지 말끔히 없앨 수 있어. 물론 새로운 오염을 만들어 내지 않는 친환경적인 방법이기도 하고 말이야.

시아노박테리아

공기의 80%쯤은 질소이고, 20% 정도는 산소야. 그렇지만 처음부터 그랬던 것은 아니란다. 지구가 생기고 나서 꽤 오랫동안 공기 속에 산소는 그리 많지 않았어. 그래서 산소로 숨 쉬는 생명체들이 생겨나기 어려운 환경이었지. 그런데 시아노박테리아는 산소 없이 살아가는 세균이야. 그래서 지구에 가장 먼저 생긴 생명체라고 여겨진단다.

시아노박테리아는 36억 년 전에 생겨났어. 햇빛과 물, 공기 속에 있는 탄산가스를 이용해서 광합성을 하고 산소를 만들어 내는 세균이

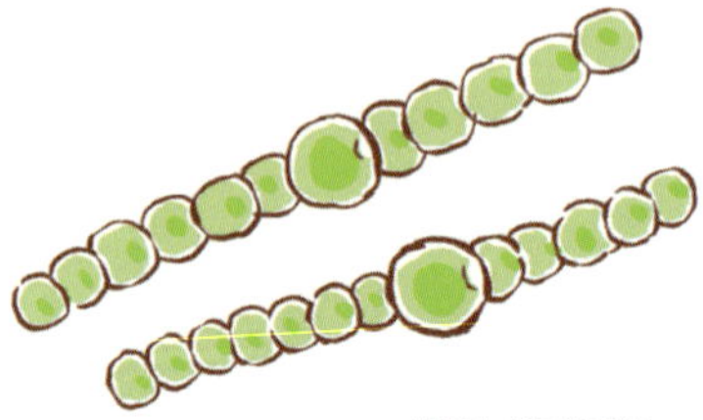
시아노박테리아

지. 그렇지만 식물들이 광합성으로 녹말만 만들어 내는 것과 달리 시아노박테리아는 글리코겐도 만들어 내.

남조류 또는 남세균이라고도 불리는 시아노박테리아는 목걸이처럼 연결되어 있어. 또 영양 세포, 포자 세포, 이질 세포로 이루어져 있지. 마치 다세포 생물처럼 말이야. 영양 세포는 광합성을 하고, 포자 세포는 홀씨를 만들고, 이질 세포는 공기 속에 있는 질소를 빨아들여 질소 화합물을 만든단다.

시아노박테리아 덕분에 지구의 공기 속에 산소가 많아지게 되었다고 해. 지금 있는 것의 100분의 1쯤 되었을 때에는 태양에서 오는 자외선을 막아 낼 수 있었지. 그리고 비로소 산소로 숨 쉬는 생물들이 태어날 수 있었어.

산업이 발달하면서 공기 속에 이산화탄소가 많아졌고, 지구 온난화를 걱정하게 되었지. 그래서 과학자들은 시아노박테리아에 관심이 부쩍 늘었어. 탄산가스로 광합성을 하는 세균이니까 시아노박테리아의 광합성을 통해 공기 속에 있는 이산화탄소를 줄일 수 있을지도 모른다고 생각하는 거야. 정말 그렇게 될지 어떨지는 조금 더 두고 봐야 알겠지만, 시아노박테리아를 이용해서 지구 환경이 나빠져 가는 속도를 조금이나마 늦출 수 있다는 건 무척 다행스런 일이야.

찾아라, 미생물 사냥꾼!

알렉산더 플레밍

Sir Alexander Fleming (1881~1955)

예전에는 나무 가시에 찔리거나 못에 긁히기만 해도 운이 나쁘면 팔다리를 잘라야만 했어. 심하면 목숨을 잃기도 했지. 가벼운 상처일지라도 세균에 감염되면 어떻게 손쓸 수 없을 정도로 큰 병으로 변해 버리기 때문이었어.

제1차 세계 대전이 일어났을 때 군의관이었던 플레밍은 세균에 감염되어 죽어 가는 군인들을 매우 많이 보았어. 그들을 살리기 위해서 온갖 방법을 다 써 보았지만, 모두 소용이 없었지.

플레밍은 세균 감염으로 병에 걸린 사람들을 고칠 수 있는 방법이 틀림없이 있을 것이라고 믿었어. 그래서 전쟁이 끝난 뒤에 연구에 매달렸지. 그렇지만 방법은 쉽게 찾아지지 않았단다. 실패만 되풀이할 뿐이었어.

1928년에 플레밍은 잠깐 머리를 식히려고 며칠 동안 휴가를 다녀왔어. 그리고 다시 돌아와서는 그동안 버려 두었던 탓에 먼지를 뒤집어쓰고 있는 배양 접시를 씻으려고 했지. 그것은 연구를 위해서 플레밍이 포도상 구균을 키우던 접시였어.

배양 접시를 집어 든 플레밍은 깜짝 놀라고 말았어. 푸른곰팡이가 피어 있었는데, 곰팡이 둘레에는 포도상 구균이 모두 녹아 있었거든. 푸른곰팡이에서 나온 무엇인가

가 세균을 죽인 거야. 바로 최초의 항생제로 불리는 페니실린이 발견된 순간이란다. 항생제는 미생물을 죽이거나 자라지 못하게 하는 물질이야. 그제야 비로소 사람들은 세균 감염에 대한 두려움을 떨쳐 낼 수 있었어.

뒷날 플레밍은 이런 말을 남겼단다.

"나는 페니실린을 발명하지 않았다. 자연이 만들었고, 나는 단지 그것을 우연히 발견했을 뿐이다. 내가 다른 사람보다 나은 것이 하나 있다면, 그런 현상을 지나치지 않고 꼼꼼하고 주의 깊게 살펴본 것이다."

위 그림은 푸른곰팡이 배양 접시의 모습이야. 점처럼 보이는 것이 푸른곰팡이이고, 그 둘레에 보이는 동그라미는 세균이 죽은 부분이란다.